国家智库报告 2016（16）
National Think Tank

人 才 研 究

美俄大国人才发展概况及政策评析

中国社会科学院人事教育局 编

ANALYSIS ON THE TALENT DEVELOPMENT SITUATION
AND POLICIES OF THE UNITED STATES AND RUSSIA

中国社会科学出版社

图书在版编目（CIP）数据

美俄大国人才发展概况及政策评析／中国社会科学院人事教育局编.
—北京：中国社会科学出版社，2016.5
（国家智库报告）
ISBN 978－7－5161－7827－0

Ⅰ.①美… Ⅱ.①中… Ⅲ.①人才管理—研究—美国②人才管理—
研究—俄罗斯 Ⅳ.①C964.712②C964.512

中国版本图书馆 CIP 数据核字（2016）第 057569 号

出 版 人	赵剑英
责任编辑	王　茵
特约编辑	喻　苗
责任校对	郝阳洋
责任印制	李寡寡

出　　版	中国社会科学出版社
社　　址	北京鼓楼西大街甲 158 号
邮　　编	100720
网　　址	http://www.csspw.cn
发 行 部	010－84083685
门 市 部	010－84029450
经　　销	新华书店及其他书店

印刷装订	北京君升印刷有限公司
版　　次	2016 年 5 月第 1 版
印　　次	2016 年 5 月第 1 次印刷

开　　本	787×1092　1/16
印　　张	5.5
插　　页	2
字　　数	65 千字
定　　价	18.00 元

凡购买中国社会科学出版社图书，如有质量问题请与本社营销中心联系调换
电话：010－84083683

目　　录

美国人才引进制度及其影响 ……………………………………………（1）

一　美国人才引进制度的制定和实施 ……………（2）

（一）把培养人才、吸引人才提升至事关国家
　　　安全、保持综合国力的战略位置 …………（3）

（二）移民政策作为实施人才战略的重要保证，
　　　作用凸显 ……………………………………（6）

（三）美国独特的教育、科研、创业环境以及
　　　优厚的待遇、高水平的生活，成为吸引
　　　人才的良好环境 ……………………………（12）

二　人才引进与医疗业和信息业 …………………（15）

三　美国人才引进制度的评估及未来走势………（22）

（一）引进了一大批美国急需的人才 …………（22）

（二）人才引进政策强调为我所用，按照需求，

　　设置不同层次的引进的方式和数量，

　　照顾本土利益 …………………………（24）

（三）很多移民都富有创造精神，创办了大量的

　　企业，推动了美国经济的发展 …………（26）

四　结论 ……………………………………（33）

俄罗斯科研人才发展概况与政策评析 ……………（34）

一　俄罗斯科研人才发展概况 ………………（35）

（一）俄罗斯科研人才资源概况 ……………（36）

（二）俄罗斯科研人才发展环境 ……………（43）

二　俄罗斯科研人才发展政策概述 …………（52）

（一）促进俄罗斯科研人才发展的主体 ………（52）

（二）俄罗斯科研人才发展政策的转轨 ………（53）

（三）促进俄罗斯科研人才发展的

　　主要方法 ……………………………（54）

（四）促进俄罗斯科研人才发展的

　　主要措施 ……………………………（56）

三　俄罗斯科研人才发展政策评析 …………（63）

（一）俄罗斯科研人才发展政策缓解了人才

　　大规模流失问题,保障了人才队伍的

　　基本稳定 …………………………………（63）

（二）俄罗斯科研人才发展政策存有不少

　　缺陷,仍在不断完善之中 ………………（66）

（三）俄罗斯科研人才发展政策受制于国内

　　经济社会大环境,短期内难以根本逆转

　　科研人才队伍中存在的行业分布失衡、

　　地域分布失衡和年龄结构失衡的局面……（71）

后记 …………………………………………（79）

美国人才引进制度及其影响

姬　虹[*]

摘要：人才引进是美国的国家战略，依靠其移民法和相关政策，美国成功地引进了所需人才，移民为美国经济发展做出了重要贡献。本文将讨论的问题是美国人才引进政策的制定、实施、特点及其存在的问题和未来走势，以期探索其中的经验和教训。

关键词：美国　人才引进　移民政策　智力逆向流失

---

*　姬虹，中国社会科学院美国研究所美国社会文化室主任、研究员，研究领域为美国移民政策、种族关系等。

美国是人才储备最丰富的国家，综合国力长期以来居世界首位，这与美国施行的人才引进战略密切相关，可以这样说，人才引进是美国成就霸业的基石之一。美国如何通过移民政策以及相关的措施网罗天下英才和美国人才引进未来走势是本文关注的重点。

一　美国人才引进制度的制定和实施

在经济全球化的背景下，移民已经成为一种常态，根据联合国的数据，2013 年国际间移民有 2.32 亿人，占全球人口的 3.2%，这包括家庭团聚、工作、难民（寻求避难）等多种迁移形式。美国作为世界上头号移民输入大国（占国际移民总量的 19.8%），移民的进入，不仅给美国带来了劳动力，而且移民中的高端科技人才，为美国的科技创新做出了巨大的贡献。美国诺贝尔奖得主中 26% 的人是移民，24% 的专利申请人是在外国出生的。[①] 国际间的移民流动是移民理性选择的结果，移民的

---

① Wadhwa, Vivek, etc. " America's New Immigrant Entrepreneurs: Part I", Duke Science, *Technology & Innovation Paper*, No. 23, Jan. 2007, at http://papers. ssrn. com/sol3/papers. cfm? abstract_ id = 990152.

流向在一定程度上反映了输入国社会经济发展的状况，美国之所以能成为最大的人才输入地，下面的三个因素起到了重要的作用。

（一）把培养人才、吸引人才提升至事关国家安全、保持综合国力的战略位置

美国崛起为超级大国，其重要原因之一就是人才上的优势。美从建国伊始就一直是一个移民国家。进入 21 世纪后，美国似乎加快了吸引人才的步伐。自从 20 世纪末以来，美国是否衰弱或开始走向衰弱的争论不断涌现，"9·11"事件、金融危机、"中国的崛起"等似乎把这种争论推向了高潮，美国是不是真的开始走向了衰弱？世界是否进入了"后美国时代"？这些都还有待商榷。但在这场争论中，美国的科学创新能力和综合竞争力每每被提及，并被认为是确保美国世界霸主地位的关键之一，而科学创新能力和综合竞争力的保持又与人才有重要的关系。2005 年美国《读者文摘》发表"美国智力危机"（America's Brain Drain Crisis）一文①，认为科学家和

---

① Wallace, Kathryn, "America's Brain Drain Crisis", *Reader's Digest*. Dec. 2005.

工程师占人口总数不到 5%，但创造的 GDP 超过总量的 50%，该文章指出，支撑高科技经济发展支柱的学科，如数学、科学、工程等，美国正在失去优势，认为"中国每年培养的工程师 6 倍于我们"，而且"如果美国在科学上没有竞争力，我们就别指望保持现有的生活标准、国家安全和生活方式"。造成美国科学技术竞争力软弱的原因，作者认为是美国基础教育的失败和人才引进的瓶颈。以上观点并非偶然，而是反映了当下美国社会对实力，尤其是科技教育实力优势下降的担忧，其中人才流失是这种担忧的重要方面。

对于人才流失，美国学术界的研究具有代表性。由霍夫曼基金会资助，杜克大学和加州大学伯克利分校联合研究团队推出"新移民创业者"（America's New Immigrant Entrepreneurs）系列研究为代表，该研究于 2007—2011 年出版了 6 篇研究报告，对美国正面临的人才流失表示了极大的关注和焦虑，其中两篇报告题名就能充分反映这种心情：2009 年 3 月出版的系列报告第 4 篇"美国失去的就是世界获得的"（America's Loss is the World's Gain），2009 年 3 月出版的第 5 篇"我们失去了世界上最卓越的人才"（Losing the World's Best and Brightest）。该系列报告的主持人卫维克·维德瓦（Vivek Wadhwa）2011 年 10 月 5 日在众议院司法委员会的移民政策和执法小委员会做证时，疾呼由于美国移民制度存在不合理的地方，使得大批技术移民无法逗留，美国正在把高素质的人才拱手送给中国和印度，"美国正在输出可以带来创新和竞争能力的人才"，美国在创新方面的优势将不再。①

应该讲，对于人才流失，美国政府是有所反应的，并且将留住和吸引高素质人才作为国家战略，从《1998 年竞争力与劳动力促进法》（1998 American Competitiveness and Workforce Improvement Act，ACWIA）强调通过配额制度筛选具有高学历或者特殊专业才能的移民申请人进入美国，到《21 世纪美国竞争法》（American Competitiveness in 21st Century Act，AC – 21），增加高科技人才签证，以及目前正在进行的移民政策改革向高科技人才倾斜，奥巴马总统在 Facebook 公司发表讲话时，强调科

① Wadhwa, Vivek. "Statement of Vivek Wadhwa, Committee on the Judiciary of the United States House of Representatives Subcommittee on Immigration Policy and Enforcement", October 5, 2011, at http://wadhwa.com/2011/10/06/my-testimony-to-congress-about-foreign-students-the-reverse-brain-drain-and-american-competitiveness/.

学和创业对美国保持强大竞争力的意义，希望更多有智慧、有雄心的人留在美国，不希望看到下一个英特尔这样的企业在中国或法国创业。在移民改革问题上，民主党和共和党有很大的分歧，但在引进高科技人才方面是高度一致的。

（二）移民政策作为实施人才战略的重要保证，作用凸显

移民制度以及相关的配套措施，为美国人才引进机制提供了法律和政策上的支持，保证了人才引进的进行。

美国是移民之国，利用移民，补充国内科技人才不足，是美国长期以来的政策，而且从实施效果看，也是相当成功的措施，它主要从以下两方面来促进人才引进。

第一，多次修改移民法，鼓励各种专业人才移居美国。美国移民制度以提倡家庭团聚为原则，但同时也强调对移民的选择性，接纳移民时强调为我所需，为我所用，追求最好与最聪明的人才（the best and brightest）的目的是始终存在的。参议员沃尔特（Walter）就曾经明确说过，"我们选择外侨，而不是让

外侨选择美国"。① 从 1952 年的《麦卡伦—沃尔特法》
到 1990 年的移民法，美国基本上确立了人才引进的基本
原则和方法。首先是移民配额制，优先引入高层次人才。
在亲属优先这个框架下，每年移民名额分配大致是家庭
团聚名额占 74%、工作名额占 20%、难民占 6%。根据
1990 年移民法规定，每年移民的 70 万人中，其中 14 万
名因工作而移民（技术移民），分为 5 个优先条款：第一
优先是具有突出才能的杰出科学家、研究者，跨国公司
高级管理人员，人数 4 万；第二优先是有特殊才能和高
学历的专业人士，人数 4 万；第三优先是技术工人、专
业人员和其他劳工，人数 4 万，其中非技术工人人数不
超过其中的 1 万人；第四优先是特殊移民，如宗教人士，
人数 1 万；第五优先是投资移民，人数 1 万。该条款不
仅区分了高端杰出人才、专业人士、技术工人、非技术
工人等若干类，而且在名额分配比例上向高端人才倾斜，
限制低端劳工入境。根据国土安全部的统计，技术移民
每年约 13 万—17 万人，占移民总数的 13%—16%，变

---

① Bennett, Marion T., "The Immigration and Nationality (McCarran-Walter) Act of 1952, as Amended to 1965", *Annals of the American Academy of Political and Social Science*, Vol. 367, The New Immigration (Sep., 1966), pp. 127–136. at http://www.jstor.org/stable/1034850.

化不是很大，如 2002 年是 173777 人，2011 年是 139339
人，2012 年是 143998 人。以 2012 年为例，在这 143998
人技术移民中，第一优先（EB1）为 39316 人，第二优先
（EB2）为 50956 人，两者占了全体技术移民总数的
63%，这两类人都是高端人才。① 其次是实施劳动力市场
测试，保证当地人就业。也就是说，技术移民进入美国
前，必须持有劳工部部长签发的劳工证（Labor Certifica-
tion），即就业许可证，而且劳工证签发前必须证明此项
确实没有美国本地人愿意或可以承担的，移民承担该工
作也不会引起从事此项工作的美国本地人失业和工资降
低。美国劳工部还设立 "劳工市场信息试点指南"（La-
bor Market Information Pilot Program for Employment-Based
Immigrants），调查 10 个职业的劳动力市场，劳工部部长
以此决定是否发放移民劳工证，充分发挥劳动力市场调
适作用。这两个原则保证了美国既获取了急需的高端人

---

① U. S. Department of Homeland Security, "Persons Obtaining Legal Per-
manent Resident Status by Type and Major Class of Admission: Fiscal years 2002
to 2011", at http://www. dhs. gov/files/statistics/publications/LPR11. shtm.
U. S. Department of Homeland Security, "U. S. Legal Permanent Residents:
2012", March 2013, at http://www. dhs. gov/publication/us-legal-permanent-
residents-2012.

才，同时也兼顾了国内利益。

第二，技术类移民条款保障了大量美国急需人才的进入，但仍然不能满足美国人才市场的需求，对于一些短期的急需人才，用颁发工作签证的方式，临时入境，短期前来工作，这种工作签证以 H – 1B 为代表。1990 年移民法将此类签证持有者定义为专业工作（Specialty Occupations）人员，允许美国公司雇用外籍员工在美国从事临时性的工作。H – 1B 申请人最低必须拥有学士学位或者同等的职业经历，并且雇主必须付给外籍员工不低于当地普遍工资水平的薪水，签证最初期限为 3 年，并能延期 3 年。目前 H – 1B 签证名额每年 6.5 万个，在大学或非营利性研究机构的工作人员不受上述名额的限制，因此实际名额远超出 6.5 万个。H – 1B 签证有三个显著特点，一是受经济状况影响大，如 2007 年该签证数目是15.4 万个，经历了金融危机后，2010 年降低了 25%，只有 11.7 万个（详见图 1 – 1）。二是 H – 1B 持有者的行业特征明显，集中在以信息业为主的高科技行业，2009 年42% 的持有者是计算机行业，[①] 雇用 H – 1B 人数最多的

① Batalova, Jeanne. "H – 1B Temporary Skilled Worker Program," Oct. 2010, at http://migrationinformation. org/USFocus/display. cfm? ID = 801.

前三位公司为威普罗（Wipro）、微软、英特尔。三是
H-1B持有者来源国集中，印度、中国占了近一半，如
2009财年，印度占了总数的39%，中国占了10%。

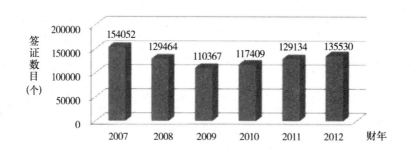

图1-1　H1-B签证发放情况（2007—2012财年）

资料来源：U. S. Department of State, Nonimmigrant Visa Statistic, at http://
travel. state. gov/visa/statistics/statistics_ 1476. html。

第三，实行"身份调整制度"，将大量在美国接受高
等教育的留学生学成后留在了美国，没有让其返回祖国。
美国目前是接受国际学生最多的国家，2011年全球留学
生410万人，美国占了18.6%，共计76.4万人，其中本
科生人数首次超过研究生人数，而且美国接受留学生连
年以来呈上升态势（详见图1-2）。

留学生的队伍庞大而稳定，其中就有美国急需的科
技人才，2011年外国留学生中22%专业是工商管理、
41%专业是科学技术工程数学。2011年留学生占工程学

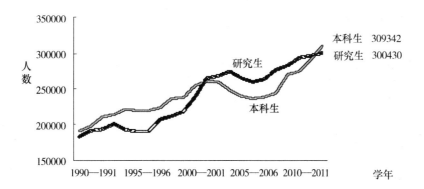

图 1 - 2　留学生在美国人数（1990—2011 学年）

资料来源：Institute of International Education, *Open Doors 2012*, Report on International Educational Exchange, Nov. 2012.

博士获得者的 52%，生命科学博士的 26%，理科博士的 40%。① 从获得博士学位的留学生国籍来看，中国大陆最多，2011 年为 3978 名，占当年外籍博士的 28%，其次是印度 2161 名（15%），韩国 1442 名（10%），这些外籍留学生专业绝大多数是理工科，以中国为例，从 2001 年至 2011 年，共计获得了 39165 个博士学位，其中理工科 36213 个，其他 2952 个。

将留学生的学习签证（F 类）转为技术类移民签

① The National Science Foundation, *Science and Engineering Doctorates*: 2011, TABLE 18. "Doctorate recipients, by citizenship and broad field of study: Selected years, 1981 - 2011", at http://www.nsf.gov/statistics/sed/2011/data_ table.cfm#25.

证或临时工作签证 H‒1B，是美国人才引进的一个重要手段。在美国高等院校毕业拿到本科学士学位以上的学生，可以在相关专业领域寻找工作实习单位，实习期间保留 F1 的学生身份，这种过渡签证（OPT 签证，Optional Practical Training）一般期限是一年，针对科学工程学科（STEM）的毕业生可以延长到 17 个月。在实习期间可以申请 H‒1B 签证，在 H‒1B 类中有专门为在美国获得硕士或以上学位的申请人留有 2 万个名额，即由学生身份转换为工作身份，从而能进一步申请永久居留。由于 H‒1B 工作签证，或技术移民签证（主要是 EB‒3 类）都需要工作许可、雇主担保，因此在美国的本地人就占了优势。对于留学生，尤其是美国急需的理工科学生，是否放宽绿卡通道，便于他们留在美国，一直是美国争论不休的问题，这在下文中还将提及。

（三）美国独特的教育、科研、创业环境以及优厚的待遇、高水平的生活，成为吸引人才的良好环境

美国学者在对多个发展中国家人才外流的动因进行研究后，认为有以下原因起着重要作用。第一是获取高收入。第二是工作稳定。第三是提升个人的专业能力。第四是祖籍国政治不稳定，社会经济状况糟糕。[①] 这就是人才外流的"推"的因素，美国现存的"拉"的因素则起到了相当大的作用。

众所周知，美国相对于人才流出国而言工资高、待遇好，诱人的收入成为许多非洲医生移民美国的动因，如一名赞比亚外科医生在当地顶尖医院的年收入是 2.4 万美元，移民美国后在纽瓦克工作，年收入是 21 万美元。[②]

美国对海外高端人才的吸引还在于工作环境。

第一，美国长期以来注重教育，有着世界上最发达的高等教育系统（这是 20 世纪以后才成为世界上最发达的）。2009—2010 学年全国有着约 4500 所高等教育机构，2009 年美国共授予了 310 万个学士、硕士、博士学位。以博士学位为例，美国各领域授予的博士学位逐年增加，1958 年为 8733 个，2011 年为

[①] Chappell, Laura. etc., "Show Me the Money (and Opportunity): Why Skilled People Leave Home — and Why They Sometimes Return", April 2010, at http://www.migrationinformation.org/Feature/display.cfm? ID = 779.

[②] "America is stealing the world's Doctors", *New York Times*, March 7, 2012.

49010 个。① 就科学和工程学而言，2008 年全世界授予的博士学位有 19.4 万个，其中美国是最多的，有 3.3 万个。此外，美国在高等教育上投入的经费占 GDP 的比例是 OECD 国家平均水平的两倍，而且增加幅度也快于 OECD 国家的平均水平。

第二，美国对科研的资金投入，使得美国有着一流的科研和创新环境。进入知识经济时代，研发在经济发展中的作用越来越突出，各国在这方面的投入不断加大，研发投资也从一个方面折射了国家实力。2009 年全球研发费用达 1.276 万亿美元，美国占了其中的 31%，为 4005 亿美元；其他依次为中国 1540 亿美元，占全球总量的 12%（下同）；日本 1380 亿美元，11%；德国 830 亿美元，6%；法国 480 亿美元，4%；英国 400 亿美元，3%。

从研发开支投入强度，即年度研发总支出与其当年国内生产总值（GDP）之比看，美国保持在 3% 左右，2009 年为 2.9%，高于德国的 2.8%，法国的 2.2%，英国

---

① The National Science Foundation, "Doctorate recipients from U. S. colleges and universities: 1957 - 2011", at http://www.nsf.gov/statistics/sed/2011/data_ table. cfm.

的 1.9%，但落后于以色列、瑞典、芬兰、日本、韩国、瑞士等国。①

美国对研发经费的大量和稳定投入，使美国科技水平一直保持着世界领先地位。充足的科研经费和后勤保障，使得美国拥有世界一流的实验室，科学家有着充裕的科研经费，巨大的经费投入对推进科研起了相当大的作用。同时也可以用重金聘用甚至高价收买有较强科技创新能力的人才。

这两点构成了当今美国优越的人才引进环境，成为世界各地"有才"之士理想的迁移之地。

综上所述，美国经济发达，科研条件优越，竞争环境好，吸引了世界各国的精英，同时又有移民制度的保障，使得美国成为世界上人才最主要的引进国家。

二　人才引进与医疗业和信息业

在人才引进的过程中，医疗业和信息业是值得注意的两个领域，尽管它们的人才缺口原因不同，通过对这

---

① The National Science Foundation，*Science and Engineering Indicators*：*2012*，at http：//www. nsf. gov/statistics/seind12/.

两个案例进行分析，可以看出美国是如何具体实施人才政策的。

美国的医学教育是精英教育，每年的毕业生有限，在供需上都有缺口，在未来 10 年中医生缺口是 20 万人，而且随着人口的老龄化，医保制度的改革，医保涉及面的扩大，这个问题将更加突出，此外医学院毕业生基本都留在了大城市，农村医生短缺严重，美国人口的 20% 生活在农村，但医生数量只占 7%。[1] 美国每 10 万人的医生数量是 198 人，从 2002 年以来，至少有 33 个州都对当下和未来医生短缺形势做出了评估，出版了报告，如印第安纳州只有 19% 的都市县、2% 的农村在医生与人口比率上达标。[2]

针对医生短缺的问题，引进人才成为解决方法之一，目前美国每 4 个医生中就有 1 个是来自海外。[3] 外籍医疗

---

[1]　Gunselman, Stephanie. "The Conrad 'State – 30' Program: A Temporary Relief to the U. S. Shortage of Physicians or a Contributor to the Brain Drain?" *Journal of Health & Biomedical Law*, Vol. V (2009): 91 – 115.

[2]　Center for Workforce Studies Association of American Medical Colleges. "Recent Studies and Reports on Physician Shortages in the US," October 2012, at https://www. aamc. org/download/100598/data.

[3]　"America is stealing the world's Doctors", *New York Times*, March 7, 2012.

人员进入美国的途径主要是通过非移民工作签证，如每年约 7000 名 H－1B 持有者是内科医生或外科医生，约占全部 H－1B 的 6.5%。[1] 注册护士是美国所缺乏的，美国曾经在 20 世纪 90 年代出台针对注册护士的 H－1A 临时工作签证，目的是缓解护士人手的缺乏，该签证止于 1995 年，共引进了 6512 名海外护士。1999 年后又推出 H－1C 签证，每年 500 名，针对缺乏护士的地区。[2] 在目前用人多的医疗机构如针对老年人的护理机构中，移民的比例较大，2003—2006 年，在老人护理领域，外来注册护士占了 14.5%，理疗师和医生助理占了 15.8%。[3]

在美国医疗行业中，亚洲移民占了很大的比例，以 1988—1990 年为例，20—64 岁从事与医疗相关的移民共有 36819 人，其中亚洲裔有 21739 人，比例为 59%。其中，医生和护士比例最高，分别是 60.41% 和 65.17%。在亚洲裔中，又以菲律宾裔居多，有 12049 人，超过一

---

[1]　Batalova, Jeanne, "H－1B Temporary Skilled Worker Program", Oct. 2010, at http://migrationinformation. org/USFocus/display. cfm? ID＝801.

[2]　Martin, Susan. etc., "The Role of Migrant CareWorkers in Aging Socie-ties: Report on Research Findings in theUnited States", Dec. 2009, at http://www12. georgetown. edu/sfs/docs/20101201_ Elder_ Care_ Report. pdf.

[3]　Martin, Susan. etc., "The Role of Migrant Care Workers in Aging Socie-ties: Report on Research Findings in theUnited States".

半，而且以女性为主，多为护士。①

对于农村就医难的问题，美国推出了以康拉德项目为代表的医疗人才引进。

康拉德项目始于 1994 年，是由参议员肯特·康拉德最先提出的，主要针对美国"医疗服务资源欠缺地区"（Medically Underserved Area，MUA）和"卫生专业人员不足地区"（Health Professional Shortage Area，HPSA），这些地方主要分布于美国的农村和内城，此项目是鼓励外国医生去这些地方行医，这些持 J-1 签证的外国医生可以获得签证豁免，免除回国服务 2 年的要求，在这些急需医生的地方工作三年到五年，还可以最终获得永居权。该项目授权各州每年可用此方法引进 20 名 J-1 豁免的外国医生，目前已经增加为 30 名，该项目多次修改和延续，2012 年 9 月 28 日，奥巴马总统签署法案，康拉德项目再次获准延至 2015 年 9 月 30 日。

康拉德项目基本覆盖了美国的各个州，2002 年时有43 个州和华盛顿特区有该项目，各州平均有 13.5 个项目

① Kanjanapan, Wilawan, "The Immigration of Asia Professionals to the United States：1988 - 1990", *International Migration Review*, Vol. 29, No. 1, Special Issue：Diversity and Comparability：International Migrants in Host Countries on Four Continents (Spring, 1995), pp. 7 -32.

医生。① 该项目共引进了 8500 名医生。② 除康拉德项目外，美国农业部、退伍军人部、阿巴拉契区域委员会等机构作为"独立政府机构"，出面办理外籍医生 J－1 签证豁免，前往医疗资源紧缺地区行医，其中以农业部的项目最为突出，农业部项目共引进了 3000 多名外籍医生前往农村行医，"9·11"事件后，出于安全原因，农业部终止了该项目。

美国学者认为，用这种豁免签证的方式来解决美国农村缺乏医生的状况是不道德的，因为它鼓励了贫困国家医生向美国流动，造成了那里的人才流失，那里比美国更需要医生，美国最贫困的密西西比州每 10 万人口有 141 名医生，而乍得每 1 万人口才 1 名医生。③《纽约时报》干脆就用"抢夺"来形容美国对发展中国家医生的引进。④

---

①　Hagopian, Amy. etc. "Health Departments Use Of International Medical Graduates in Physician Shortage Areas", *Health Affairs*, 22, No. 5 (2003): 241-249, athttp://content. healthaffairs. org/content/22/5/241. full. html.

②　"America is stealing the world's Doctors", *New York Times*, March 7, 2012.

③　Gunselman, Stephanie. "The Conrad 'State-30' Program: A Temporary Relief to the U. S. Shortage of Physicians or a Contributor tothe Brain Drain?", *Journal of Health & Biomedical Law*, Vol. V (2009): 91-115.

④　"America is Stealing the World's Doctors", *New York Times*, March 7, 2012.

信息业也是美国人才引进的重头行业，目前每5名信息业从业者中就有1名是出生在海外，信息业人才引进主要靠技术移民或 H－1B 临时工作签证前往美国，如前所述，2009 年 H－1B 签证的近一半持有者是来自与计算机相关的行业，这些行业也是目前要求提高 H－1B 签证数量的主要游说集团，2012—2013 年计算机信息公司已经花费了 1.32 亿美元用于游说国会，提高签证数额，[①] 计算机、网络公司在 2012 年竞选中向民主党、共和党捐款达6200 万美元，其中得到 H－1B 签证最多的十家公司共捐款 820 万美元。[②] Facebook 首席执行官马克·扎克伯格（Mark Zuckerberg）与谷歌等多家科技公司巨头 2013 年 4 月成立了 FWD. us 的政治权益组织，致力于放宽对外国人才的移民限制，促使美国创业者留在国内。2013 年 4 月 1 日美国移民局开始受理下一年度 H－1B 签证申请，5 天内就达到了年度数量上限，共收到 12.4 万份，是 2008 年以来最短的申请季。因此，政府不得不宣布关闭申请窗

---

① "In Immigration Debate, Some Query Skilled-worker Shortage", *Reuters*, April 10, 2013, at http://www. reuters. com/article/2013/04/10/us-usa-immigration-tech-idUSBRE9390CM20130410.

② "Visa for High-skilled Worker Could Double", *Washington Post*, March 20, 2013.

口，4月7日，移民局通过电脑随机抽选，选出了6.5万个常规名额和2万个在美国获得硕博士学位的名额。

对于信息业大量使用外籍员工，在美国争议很大，认为是用引入"外劳"方式，抢夺了本国人的饭碗。H-1B签证的争议性最大，一些人认为它的创立给美国引进了大量的廉价劳动力，这损害了美国员工的实际利益，取代本地人、压低本地人的工资等，如有研究认为从1999年以来，在计算机行业中的H-1B签证持有者占有了该行业新增工作的87%。[1] 还有学者认为一些信息业巨头公司用H-1B签证、L-1签证培训外包公司的员工，损害了美国的国家利益。[2] 同时他们还认为，H-1B签证持有者也是受害者，雇用他们的公司压低工资，他们实际上是在"美国的IT血汗工厂工作"，[3] 这些人甚至呼吁彻底废除H-1B签证。一些专业学会如"美国电气电子工程师学会"（the Institute of Electrical and Elec-

---

[1] Miano, John. "H - 1B Visa Number", June, 2008, at http://www.cis.org/H1bVisaNumbers.

[2] "Do We Need Foreign Technology Workers?", *New York Times*, April 8, 2009.

[3] Hira, Ron. "Bridge to Immigration or Cheap Temporary Labor?", the H - 1B & L - 1 Visa Programs Are a Source of Both", Feb. 17, 2010, at http://www.epi.org/publication/bp257/.

tronics Engineers）持明确反对态度，认为 H－1B 签证使
得美国人失去工作，降低工资，饱受歧视（如年龄），
要求其成员向选区的众议员写信，废除 H－1B 签证。①

这种"本土主义"的言论，没有阻止美国对高科技人
才的追求，在 2013 年美国参议院版的移民改革方案中，
H－1B 签证的数量被提高到每年 11 万个，有美国硕博学
位的留学生签证提高到 2.5 万个。H－1B 签证数量上限可
以根据经济发展和失业率降低，最高可上调到 18 万个。

三　美国人才引进制度的评估及未来走势

美国实施人才引进措施以后，无论从其引进人才数
量还是效果来讲，都是相当成功的，理由如下。

（一）引进了一大批美国急需的人才

从第二次世界大战以来，到底有多少人才流入了美
国，很难估算出来，从爱因斯坦到 Google 的创始人都是

---

① "In Immigration Debate, Some Query Skilled-worker Shortage", *Reuters*, April 10, 2013, at http://www. reuters. com/article/2013/04/10/us-usa-immigration-tech-idUSBRE9390CM20130410.

移民。2009 年 10 月 8 日《圣荷西水星报》发表署名文章，认为刚公布的诺贝尔医学和物理奖得主名单中，有 6 位得主拥有美国国籍，但其中的 4 人是在美国以外的地方出生的，其中包括在上海出生的华裔物理学家高锟。得奖人数足以使美国骄傲，但也从一方面说明美国在智力上越来越依靠引进人才了。① 有学者对 1947—2006 年诺贝尔奖得主进行研究，认为美国是最吸引顶级科学家的国家，美国该奖得主有 20% 左右的人是移民。② 除了诺贝尔奖得主这样的顶尖人才外，美国还吸引了大量的其他人才，1990 年和 2000 年，全世界 65% 具有大学学历以上的成年移民去了北美洲（美国和加拿大）。③ 如前所述，美国将大批外国留学生留在了美国，据学者估计，约有 2/3 的在美国取得博士学位的留学生留在了美国。④ 2002 年外

---

① O'Brie, Chrisn, "Nobel Prizes Remind us Why Immigration Matters", at http://www. mercurynews. com/ci_ 13500107.

② Hunter, Rosalind S. etc., "The Elite Brain Drain, 2009", at http://dx. doi. org/10. 1111/j. 1468 – 0297. 2009. 02274.

③ Lowell, Lindsay, "Highly Skilled Migration", *World Migration Report* 2008, at http://www. iadb. org/intal/intalcdi/PE/2008/02382a04. pdf.

④ Lowell, Lindsay, "Immigration and the Science & Engineering Workforce: Failing Pipelines, Restrictive Visas, and the Best and Brightest", *Presented to the United State House of Representatives Committee on the Judiciary Subcommittee on Immigration Policy and Enforcement*, October 5, 2011, at http://judiciary. house. gov/news/Statement%20STEM. html.

国留学生在美国获得博士学位并于 5 年之后留在美国的比例，见图 1 - 3。

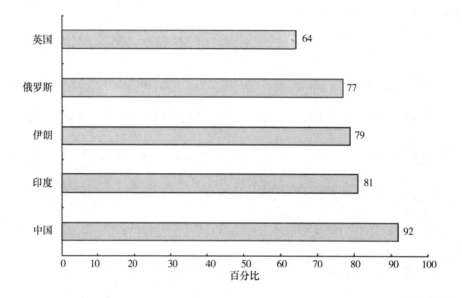

图 1 - 3　外国留学生滞留美国比例

资料来源：Finn，Michael G.，"Stay Rates of Foreign Doctorate Recipients from U. S. Universities"，2007，*Oak Ridge*：*Institute for Science and Education*，January 2010，at http：// orise. orau. gov/files/sep/stay-rates-foreign-doctorate-recipients - 2007. pdf。

　　无论从引进人才数量还是质量看，美国已经达到了目的。

　　（二）人才引进政策强调为我所用，按照需求，设置不同层次的引进方式和数量，照顾本土利益

　　在经济发展中，高层次人才是必不可少的。美国在引进政策中强调，杰出人士、顶级科学家、跨国企业高管等移民美国不受名额限制，不需要雇主担保，办理过程也相当迅速，一年之内即可成行，不像其他移民类别那样有相当长的排斥期。另外，由于美国当地人不愿从事农业等重体力工作，美国还设置了低技能工作签证，如农业工人签证（H－2A）每年约为 6 万个，非农业工人签证（H－2B）每半年 3.3 万个，这些人在美国从事低薪的体力劳动。低技能工作签证数量少，远不能满足美国对农业工人和其他体力劳动者的需求。在 2013 年移民政策酝酿改革过程中，参议院提出了设置三年期的 W 签证，允许那些低技能工人进入美国工作。W 签证将从 2015 年 4 月 1 日开始实施，签证数目开始为 2 万个，然后升至每年 3.5 万个、5.5 万个和 7.5 万个，此后根据经济需求进行调整，上限为 20 万个，下限为 2 万个。

在现施行以及酝酿施行的"客工"（即临时工作签证）制度中，美国政府反复强调的是，市场调节和优先照顾本地人的利益，除极少数"杰出人才"外，对外籍客工要求持有劳工证即就业许可证，而且劳工证签发前必须证明此项确实没有美国本地人愿意或可以承担的，这样也就优先保证了本地人的就业机会。

（三）很多移民都富有创造精神，创办了大量的企业，推动了美国经济的发展

移民初到美国，一般都经历了苦苦挣扎的艰难经历，这造就了其求实创新、富于进取精神的一面。1995—2005年全国有25.3%的科技公司核心创办者是移民，在硅谷地区，这个比例达43.9%。[①] 在美国引进人才中，有一类是投资型人才，被称为EB－5签证持有者，在美国失业率较高的或农业等欠发达地区做50万美元以上的投资，或者在城市等经济较发达地区投资至少100万美元以上，并创造10个全职的美国工人就业机会，从而获得绿卡的人称为"投资移民"，每年1万名。由于这个项目手续烦琐，硬性要求高，发放EB－5签证的数量从未达到1万的限额，近年来最高的年份是2012年，共有6628人取得该签证。据有关研究显示，EB－5项目推出20年来，已吸引外来投资15亿美元，创造了3.1万个就业机会，[②] 经

---

① Wadhwa, Vivek, etc., "America's New Immigrant Entrepreneurs: Then and Now", October 2012, at http://www. kauffman. org//uploadedFiles/Then_ and_ now_ americas_ new_ immigrant_ entrepreneurs. pdf.

② David North, "The Immigrant Investor (EB－5) Visa A Program that Is, and Deserves to Be, Failing", January 2012, at http://www. cis. org/articles/2012/investor-visa-program-is-failing. pdf.

济上的好处是显而易见的。

人才引进给美国社会带来的好处也是显而易见的，但也有其不足的一面。在某些领域，如科学工程学方面，过分依赖海外人才，导致国内这方面的人才萎缩，《时代周刊》刊文说，美国下一个短缺资源就是科学家了。[①]在 25 岁及以上人群中，外来人口具有学士及以上学位的比例是 16%，在科学和工程学领域中是 21%。在一些具体学科而言，如工程学是 33%，计算机是 27%，物理学是 24%，生物、农业和环境学是 17%。

造成这种"偏科"的原因是多样的，主要原因（也包括多年来社会导向、教育失衡等）是相对于法律、金融、管理、医生等行业，科学工程学领域学制长、收入低，这使得许多高中生不报考该专业。据研究数据，在胜任科学工程学的高中生中有 75% 的人没有进入该专业，即使是进入了大学科学工程学专业的人中，36% 还转了专业，43% 的学生在毕业后没有从事该专业的工作。[②] 在收

---

① Rotherham, Andrew J., "The Next Great Resource Shortage: U. S. Scientists", *Time*, Thursday, May 26, 2011.

② Carnevale, Anthony P., "STEM", *Executive Summary*, October 20, 2011, at http://www9. georgetown. edu/grad/gppi/hpi/cew/pdfs/stem-complete. pdf.

入方面，同样是 35 岁、研究生学历，从事科学工程学比从事医疗业年收入少 5 万美元。同样是学士学位，从事科学工程学比从事管理类工作年收入少 1 万美元。①

此外，政治环境对人才引进也起着相当重要的作用。"9·11"事件后，2001 年 10 月布什总统明确指示禁止外国学生学习敏感专业，其中涉及大规模杀伤性武器的发展和使用。对于这项措施，当时学校的态度是认为学校有责任与政府合作，但是不允许留学生进入特定领域学习听起来很容易，实际上防不胜防，很难监控学生的课程，而且影响学术自由。

从总的方面看，美国长期以来享受着"人才红利"（对于中国和印度等国而言是"人才流失"），但目前这个状况正在出现反转，美国遭遇了前所未有的人才逆流动（reverse brain drain）。

近年来由于中国、印度两国经济社会发展，机会增多，移民开始回流，2008 年对 1203 名在美国受过教育而且开办有自己公司的印度人和中国人进行的调查显示，

① Carnevale, Anthony P. "STEM", *Executive Summary*, October 20, 2011, at http://www9. georgetown. edu/grad/gppi/hpi/cew/pdfs/stem-complete. pdf.

其中 72% 的印度人、81% 的中国人认为，祖籍国经济发展机会高于美国，所以想回去。[①] 就未来而言，有专家预言，由于经济发展，人均收入增加，中国和印度可能缺乏向外移民的动力，有不确定因素存在。目前两国占国际移民流动的 8.5%。[②] 实际上，大批华裔高科技人才回流，已经引起了美国媒体的关注。

"千人计划"是中国近年来一项最主要的吸引海外高端人才回国服务的政策，不到 5 年，已经有了 3000 多名高端海外人才回国，该计划在美国有一定的反响。主要舆论集中在：一是中国推出引进人才的计划，一改过去人才流失的现象，认为"千人计划"这样的人才激励机制起了重要作用，中国领导人把吸引人才回国作为了国策，[③] "千人计划"是为了把中国建设成创新大国的路径之一，[④] 而且认为与以往的人才引进计划不同，"千人计划"是由中共中央组

[①] Wadhwa, Vivek. etc., "The Grass is Indeed Greener in India and China for Returnee Entrepreneurs, America's New Immigrant Entrepreneurs", Part VI, April 2011, at http://www.kauffman.org/uploadedfiles/grass-is-greener-for-returnee-entrepreneurs.pdf.

[②] White, Michael, "The Demography of China and India: Effects on Migration to High-Countries through 2030", Nov. 2008, at http:// www.migrationpolicy.org/pubs/white-paper.pdf.

[③] "Reverse Brain Drain: China Engineers Incentives for brain gain", *Christian Science Monitor*, October 21, 2012.

[④] "China's Reverse Brain Drain", *Businessweek*, November 19, 2009.

织部负责的，"该计划如此接近中国领导核心，表明的信号是中国如此认真对待智力引进"。[①]二是越来越多的华裔高端科技人才有回国意愿。十年前是百分之几的话，现在是一半。[②]三是在人才争夺战中，美国落后于中国了。美国媒体认为，由于中国经济发展，对研发经费投入的加大，中国吸引人才力度也加大了。在吸引人才方面，美国落后于中国了。[③]在这种情况下，《时代周刊》认为，今天的美国人不应该过分考虑中国为吸引人才所做的努力，而是应该把更多的精力放在美国人自己应该怎样做来解决这些问题，美国自身存在的这一切问题，才是对美国繁荣的真正威胁，美国人往往对中国经济崛起、成功吸引人才回国的消息大惊小怪，却对自身的问题视而不见，美国的问题"更应该让美国人警醒，这些才是美国繁荣的威胁，而非中国的'十二五'规划或对人才的15.8万美元奖励"！[④]

---

① "Let a Thousand Talents Bloom, China's Understanding of How to Promote Scientific Progress is More Mature than America's", *The Wall Street Journal*, February 2, 2011.

② "China's Reverse Brain Drain", *Businessweek*, November 19, 2009.

③ "Let a Thousand Talents Bloom, China's Understanding of How to Promote Scientific Progress is More Mature than America's", *The Wall Street Journal*, February 2, 2011.

④ Eric Liu, "Our Real Blind Spot About China", *Time*, May 29, 2012.

美国在人才引进方面的未来走势：

（1）加大高科技人才的引进。2013年美国移民政策改革，改革开始向有"才"之人大幅度倾斜，如增加毕业于美国高校理工科专才的工作签证，增加H-1B签证的数量等，向优秀人才伸出欢迎之手，是未来移民政策的方向。

（2）在加大引智的基础上，加大引"资"。按照美国移民法的分类，投资移民是在技术移民条款下的，属于技术移民的一种。由于金融危机引发的美国经济衰退，房地产市场低迷，国内购买力下降，美国政府又开始盯住了别国的钱袋子，通过移民，带来投资，不失为好方法。图1-4显示投资移民数量逐年增加。

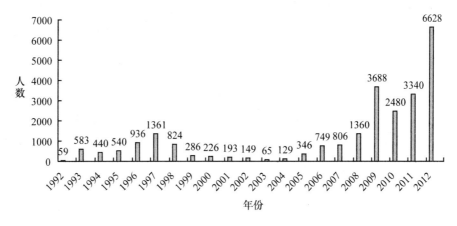

图1-4　投资移民人数（1992—2012年）

资料来源：根据美国国土安全部历年移民统计年鉴整理，at http://www.dhs.gov/immigration-data-statistics。

在招徕投资移民方面，主要举措是 2012 年 9 月 28 日奥巴马总统批准延长 EB－5 区域中心试点计划，至 2015 年 9 月 30 日，旨在为经济复苏带来资金，增加就业。美国移民局也发起了一项"留住企业家计划"（EIR），通过改进签证申请过程问题，保持移民申请管道的畅通，吸引并留住更多来自世界各地的企业家在美国创业，促进经济发展。

（3）两党在移民政策上的分歧，将影响美国人才引进的步伐。移民改革是奥巴马在第二任期内最受瞩目的施政目标之一，美国移民法案改革，其核心在于通过一定的时间和步骤，使非法移民合法居留并取得身份。美国现在约有 1100 万非法移民，移民改革在美国国会的阻力非常大，这主要来自共和党。共和党认为，非法移民是非法入境、非法逗留，给予他们合法身份无异于鼓励违法行为。尽管两党在引进高层次人才方面没有分歧，但在非法移民身份的分歧，将影响移民法的改革，进而影响海外人才的引进。

四　结论

美国人才引进无论从引"智"，还是引"资"，从效果来讲，是相对成功的，用人才收割机方式，引进了大量人才，节省了大量的初期教育费用，依靠"拿来主义"解决了用人荒的问题。在可预见的未来，美国加强人才引进，并利用自身的优势，与其他国家争夺优秀人才的战争还将愈演愈烈，想方设法留住已在美国的外籍留学生是必然趋势，这是今后引才的一个重要方面。

俄罗斯科研人才发展概况与政策评析

王晓泉*

摘要： 俄罗斯虽是科研人才资源大国，但科研人才队伍发展状况堪忧，总人数下降，年龄结构、地域分布、行业分布严重失衡。俄罗斯政府出台多项鼓励科研人才发展的政策，取得了一定成效。由于科研人才的发展受制于国内外经济和社会发展大环境，俄罗斯科研人才队伍存在的突出问题短时间内难以从根本上得到解决。

关键词： 俄罗斯　科研人才　发展　政策

---

* 王晓泉，中国社会科学院俄罗斯东欧中亚研究所博士，上海大学上合组织与公共外交研究院兼职研究员。

　　俄罗斯继承了苏联较为完备的科研人才培养和使用系统，既是科研人才培养大国，也是科研人才需求大国。然而，苏联的解体对该系统损伤极大，导致俄罗斯科研人才严重流失，人才培养体系的效率急剧下降。20 世纪90 年代特别是21 世纪初，俄罗斯克服巨大的困难，对科研人才培养体系进行大力改革，不断增加资金和政策扶植力度，取得一些成效，但由于国力有限，短期内难以从根本上解决科研人才队伍建设方面的历史欠账。建立一支学科门类齐全、具有一定规模的优秀科研人才队伍，对俄罗斯而言，任重而道远。

一　俄罗斯科研人才发展概况

　　俄罗斯没有人才这个专用术语。中国所说的科研人才，在俄罗斯通常被称为科学人员、研究人员、研发人员等。俄罗斯是科研人才资源大国，科研院所的研究和研发人员、高中等专业技术人员、高等学校和各类高级专业技术教育学校的毕业生等都属于俄罗斯的科研人才范畴。

（一）俄罗斯科研人才资源概况

1. 科研人员数量

研究和研发人员是俄罗斯科研人才队伍的最重要组成部分，其总人数呈现持续缓慢下降趋势，由2000年的887729人，下降到2011年的735273人，降幅达到17%。详情请见表2－1。

表2－1　　　　　　俄罗斯研究和研发人员数量　　　　　（单位：人）

类别 \ 年份	2000	2005	2006	2007	2008	2009	2010	2011
总人数	887729	813207	807066	801135	761252	742433	736540	735273
研究人员	425954	391121	388939	392849	375804	369237	368915	374791
技术人员	75184	65982	66031	64569	60218	60045	59276	61562
辅助人员	240506	215555	213579	208052	194769	186995	183713	178449
其他人员	146085	140549	138517	135665	130461	126156	124636	120471

资料来源：俄联邦统计局2012年统计年鉴，www.gks.ru。

2. 俄罗斯科研人才部门分布状况

俄罗斯科研人才呈现出跨部门流动的特点，国家机构中的科研人才数量最为稳定，近十年总人数几乎没有变化。企业中的科研人才数量最多，构成俄罗斯科研人才队伍的主体，但流失严重，从 2000 年的 590646 人下降到 2011 年的 419752 人。高等职业学校和非营利性机构中的科研人才数量呈上升趋势。其中，非营利性机构科研人才数量最少，但增长最快，从 2000 年的 446 人增加到 2011 年的 1171 人，十年增幅超过 260%。详情请见表 2 – 2。

表 2 – 2　　　　　　　俄罗斯研究和研发人员的部门分布状况　　　　　（单位：人）

年份	总人数	部门分布			
		国家机构	企业	高等职业学校	非营业性机构
2000	887729	255850	590646	40787	446
2005	813207	272718	496706	43500	283
2006	807066	274802	486613	44473	1178
2007	801135	272255	478401	49059	1420
2008	761252	260854	451532	47595	1271
2009	742433	260360	432415	48498	1160
2010	736540	259007	423112	53290	1131
2011	735273	254896	419752	59454	1171

资料来源：俄联邦统计局 2012 年统计年鉴，www.gks.ru。

3. 俄罗斯国家科学院系统科研人才数量

在俄罗斯，人文社会科学领域研究与自然科学领域研究统称为科学研究。俄罗斯科学院系统包括俄罗斯科学院、俄罗斯农业科学院、俄罗斯医学科学院、俄罗斯建筑设计研究院、俄罗斯教育研究院、俄罗斯艺术研究院等。俄罗斯科学院系统是科研人才最为集中的地方。俄罗斯科学院的研究人员总量呈持续减少趋势，从2000年的61864人下降到2011年的53702人。然而，科学博士和副博士的数量没有大的变化。俄罗斯建筑设计研究院和俄罗斯艺术研究院的研究人员人数增长较大，但在整个科学院系统内所占比例很小。其他科研院所的研究人数变化不大。详情请见表2－3。

表2－3　　　　　　俄罗斯科学院系统研究和研发人员的数量　　　　（单位：人）

单位	年份	总人数	学历	
			科学博士人数	科学副博士人数
俄罗斯科学院	2000	61864	9404	25863
	2005	60613	10185	25193
	2006	58423	10311	24676
	2007	56764	10426	24187
	2008	54576	10355	23495
	2009	55402	10549	24105
	2010	55183	10641	24166
	2011	53702	10709	24400

续表

单位	年份	总人数	学历	
			科学博士人数	科学副博士人数
俄罗斯农业科学院	2000	12834	1165	4786
	2005	13350	1374	4958
	2006	13430	1405	5070
	2007	13914	1539	5222
	2008	13367	1571	5103
	2009	13200	1589	5105
	2010	12642	1567	4957
	2011	12273	1562	4855
俄罗斯医学科学院	2000	7166	1621	3607
	2005	7842	1939	3672
	2006	7859	1949	3679
	2007	8007	1984	3731
	2008	7798	1958	3690
	2009	7998	1969	3766
	2010	7393	1905	3522
	2011	7378	1970	3442
俄罗斯建筑设计研究院	2000	239	23	84
	2005	424	26	97
	2006	445	29	94
	2007	461	36	91
	2008	462	38	92
	2009	396	38	96
	2010	420	33	95
	2011	382	31	91

续表

单位	年份	总人数	学历	
			科学博士人数	科学副博士人数
俄罗斯教育研究院	2000	1086	190	524
	2005	1116	189	490
	2006	1168	207	512
	2007	1176	237	539
	2008	1016	200	487
	2009	1136	237	521
	2010	1065	239	500
	2011	1044	241	507
俄罗斯艺术研究院	2000	84	19	33
	2005	64	22	33
	2006	64	22	33
	2007	122	24	31
	2008	96	24	31
	2009	74	23	28
	2010	165	23	44
	2011	161	23	42

资料来源：俄联邦统计局 2012 年统计年鉴，www.gks.ru。

4. 各科学领域科研人才分布状况

如果将科学领域划分为自然科学领域、技术领域、医学领域、农业领域、社会科学领域和人文领域，那么自然科学领域、技术领域和农业领域的研究人员数量持续下降，2011 年分别为 89778 人、226492 人和 12933

人。医学领域、社会科学领域和人文领域的研究人员数量有所增加，2011 年分别为 16793 人、16967 人和 11828 人。除技术领域外，各科学领域拥有副博士和博士学位的研究人员的数量和所占比例均有所增加。各科学领域研究人员分布状况详见表 2－4。

表 2－4　　　　　　　各科学领域研究人员分布状况　　　　　　（单位：人）

类别	年份	总数	科学领域分布					
			自然科学	技术	医学	农业	社会科学	人文
研究人员	2000	425954	99834	274955	15539	14390	13259	7977
	2005	391121	91570	249358	15672	13724	12497	8300
	2006	388939	89304	248201	15896	13447	13721	8370
	2007	392849	94668	244475	16734	13743	13740	9489
	2008	375804	91117	232463	16713	13622	13012	8877
	2009	369237	89856	227403	16652	13217	13272	8837
	2010	368915	89375	224641	16516	12734	14347	11302
	2011	374791	89778	226492	16793	12933	16967	11828
高学历人员	2000	105911	46623	32686	10070	6231	5265	5036
	2005	99428	43707	28172	10506	6278	5494	5271
	2006	99507	43379	27867	10667	6296	5982	5316
	2007	103725	44838	28361	11474	6578	6640	5834
	2008	101049	43703	27110	11403	6557	6300	5976
	2009	101275	44212	26463	11540	6553	6688	5819
	2010	105114	45915	25880	11520	6546	7918	7335
	2011	109493	46634	26477	11694	6911	9983	7794

续表

类别	年份	总数	科学领域分布					
			自然科学	技术	医学	农业	社会科学	人文
科学博士	2000	21949	10297	4480	3217	1153	1175	1627
	2005	23410	10738	4495	3715	1356	1336	1770
	2006	23880	10966	4502	3757	1370	1437	1848
	2007	25213	11479	4809	3934	1478	1632	1881
	2008	25140	11399	4738	3911	1526	1614	1952
	2009	25295	11520	4612	3988	1547	1706	1922
	2010	26789	12251	4620	4045	1542	2057	2274
	2011	27675	12345	4737	4158	1663	2410	2362
科学副博士	2000	83962	36326	28206	6853	5078	4090	3409
	2005	76018	32969	23677	6791	4922	4158	3501
	2006	75627	32413	23365	6910	4926	4545	3468
	2007	78512	33359	23552	7540	5100	5008	3953
	2008	75909	32304	22372	7492	5031	4686	4024
	2009	75980	32692	21851	7552	5006	4982	3897
	2010	78325	33664	21260	7475	5004	5861	5061
	2011	81818	34289	21740	7536	5248	7573	5432

资料来源：俄联邦统计局 2012 年统计年鉴，www.gks.ru。

5. 俄罗斯科研人才地域分布状况

俄罗斯科研人才的地域分布严重失衡。2011 年，全俄研究和研发人员数量为735273 人。其中，莫斯科和莫斯科州拥有 323756 人，占全俄研究和研发人员总数的 44%。

（二）俄罗斯科研人才发展环境

1. 俄罗斯科研人才的培养情况

研究生教育是科研人才成长的必经之路。2011 年，俄罗斯共有研究生培养机构 1570 个，博士研究生培养机构 608 个。研究所和高等职业教育机构是研究生教育的主体，承担着绝大多数研究生的教学工作。2011 年，俄罗斯研究生总人数达到 156279 人。通过答辩的研究生比例较低，2011 年研究生毕业人数为 33082 人，仅有 9635 人通过答辩。博士研究生毕业人数为 1321 人，通过答辩的人数为 382 人。研究生和博士研究生教学情况的主要指标请见表 2 – 5 和表 2 – 6。

表 2 – 5　　　　　　　　研究生教学情况主要指标　　　　　　（单位：人）

类别	年份	研究生培养机构数量	研究生人数	研究生入学人数	研究生毕业人数	其中通过答辩的研究生人数
总数	2000	1362	117714	43100	24828	7503
	2005	1473	142899	46896	33561	10650
	2006	1493	146111	50462	35530	11893
	2007	1490	147719	51633	35747	10970
	2008	1529	147674	49638	33670	8831
	2009	1547	154470	55540	34235	10770
	2010	1568	157437	54558	33763	9611
	2011	1570	156279	50582	33082	9635

续表

类别	年份	研究生培养机构数量	研究生人数	研究生入学人数	研究生毕业人数	其中通过答辩的研究生人数
研究所	2000	797	17502	6075	3813	873
	2005	833	19986	6577	4806	1009
	2006	820	19542	6330	4865	852
	2007	799	18346	6072	4847	895
	2008	811	17397	5381	4781	715
	2009	800	16549	5549	4359	734
	2010	809	16936	5655	4335	729
	2011	805	15865	4784	4028	693
高等职业教育机构	2000	565	100212	37025	21015	6630
	2005	640	122913	40319	28755	9641
	2006	673	126569	44132	30665	11041
	2007	691	129373	45561	30900	10075
	2008	718	130277	44257	28889	8116
	2009	730	137068	49736	29678	9996
	2010	748	139908	48748	29268	8854
	2011	750	139542	45561	28847	8869
职业继续教育机构	2009	17	853	255	198	40
	2010	11	593	155	160	28
	2011	15	872	237	207	73

资料来源：俄联邦统计局 2012 年统计年鉴，www.gks.ru。

表2－6　　　　　　　博士研究生教学情况主要指标　　　　（单位：个，人）

项目	类别	2000	2005	2006	2007	2008	2009	2010	2011
博士研究生培养机构数	总数	492	535	548	579	593	598	602	608
	研究所	178	173	178	201	205	204	192	192
	高等职业教育机构	314	362	370	378	388	391	407	412
	职业继续教育机构	—	—	—	—	—	3	3	4
博士研究生人数	总人数	4213	4282	4189	4109	4242	4294	4418	4562
	研究所	505	445	426	358	336	327	299	303
	高等职业教育机构	3708	3837	3763	3751	3906	3962	4116	4256
	职业继续教育机构	—	—	—	—	—	5	3	3
博士研究生入学人数	总人数	1637	1457	1499	1520	1517	1569	1650	1696
	研究所	192	147	142	118	111	114	100	106
	高等职业教育机构	1445	1310	1357	1402	1406	1454	1548	1589
	职业继续教育机构	—	—	—	—	—	1	2	1
博士研究生毕业人数	总人数	1251	1417	1383	1320	1216	1302	1259	1321
	研究所	151	148	139	116	123	107	95	100
	高等职业教育机构	1100	1269	1244	1204	1093	1193	1162	1220
	职业继续教育机构	—	—	—	—	—	2	2	1
通过论文答辩的博士研究生人数	总人数	486	516	450	429	297	435	336	382
	研究所	63	48	35	33	23	23	20	17
	高等职业教育机构	423	468	415	396	274	412	316	365
	职业继续教育机构	—	—	—	—	—	—	—	—

资料来源：俄联邦统计局2012年统计年鉴，www.gks.ru。

俄罗斯研究生地域分布失衡，2011年全俄研究生共计156279人，莫斯科和莫斯科州拥有47691人，占总数的30%。

2. 俄罗斯科研机构的情况

科研机构是科研人才成长和发挥自身价值的平台。与科研人才人数下降同步，全俄研究和研发机构的数量也有所减少，由 2000 年的 4099 个，下降到 2011 年的 3682 个。科研机构数量减少最多，从 2000 年的 2686 个减少到 2011 年的 1782 个。除科研机构、企业的科研部和设计部和设计勘测机构外，其他研究和研发机构数量均有所上升。详情请见表 2 – 7。

表 2 – 7　　　　　　　　　研究和研发机构数量　　　　　　　（单位：个）

类别	2000	2005	2006	2007	2008	2009	2010	2011
科研机构数量	2686	2115	2049	2036	1926	1878	1840	1782
设计所数量	318	489	482	497	418	377	362	364
设计勘测机构数量	85	61	58	49	42	36	36	38
实验工厂数量	33	30	49	60	58	57	47	49
高等职业学校数量	390	406	417	500	503	506	517	581
企业的科研部和设计部数量	284	231	255	265	239	228	238	280
其他科研机构数量	303	234	312	550	480	454	452	588
总数量	4099	3566	3622	3957	3666	3536	3492	3682

资料来源：俄联邦统计局 2012 年统计年鉴，www.gks.ru。

俄罗斯研究和研发机构的减量部分主要在企业，企业所属研究和研发机构的数量从 2000 年的 2278 个下降到 2011 年的 1450 个，降幅超过 36% 。这与企业的科研人才流失现象相吻合。国家、高等职业学校和非营利性机构所属研究和研发机构的数量则有所增长。详情请见表 2 - 8。

表 2 - 8　　　　　　　　研究和研发机构的部门分布情况　　　　　（单位：个）

年份	总量	部门分布			
		国家所属	企业所属	高等职业学校所属	非营利性机构所属
2000	4099	1247	2278	526	48
2005	3566	1282	1703	539	42
2006	3622	1341	1682	540	59
2007	3957	1483	1742	616	116
2008	3666	1429	1540	603	94
2009	3536	1406	1446	603	81
2010	3492	1400	1405	617	70
2011	3682	1457	1450	696	79

资料来源：俄联邦统计局 2012 年统计年鉴，www.gks.ru。

2011 年，国立科学院研究和研发机构数量达到 873 个，约占国家所属研究和研发机构总量的六成，其中近九成归属俄罗斯科学院和俄罗斯农业科学院。详情请见表 2 - 9。

表 2-9　　　　　　　　国立科学院中研究和研发机构的数量　　　　（单位：个）

所属单位	2000	2005	2006	2007	2008	2009	2010	2011
俄罗斯科学院	454	451	465	479	468	469	472	483
俄罗斯农业科学院	291	297	292	312	304	302	294	295
俄罗斯医学科学院	62	66	68	69	68	67	64	65
俄罗斯建筑设计研究院	5	5	6	6	5	5	5	7
俄罗斯教育研究院	17	17	19	22	18	20	20	21
俄罗斯艺术研究院	2	1	1	3	2	1	2	2

资料来源：俄联邦统计局 2012 年统计年鉴，www.gks.ru。

俄罗斯科研机构地区分布严重失衡。2011 年，全俄研究和研发机构数量总计 3682 个，莫斯科和莫斯科州拥有 1718 个，超过总数的 46%。

3. 俄罗斯科研经费情况

科研经费是开展科研工作的必备条件。俄罗斯政府对科学项目拨款逐年递增，从 2000 年的 173.964 亿卢布增加到 2011 年的 3138.993 亿卢布，政府拨款所占联邦支出的比例从 2000 年的 1.69% 增加到 2011 年的 2.87%，所占 GDP 的比例从 2000 年的 0.24% 增加到 2011 年的 0.57%。详情请见表 2-10。

表 2 - 10   联邦对科学项目的拨款情况

支出 \ 年份		2000	2005	2006	2007	2008	2009	2010	2011
联邦预算支出（百万卢布）		17396.4	76909.3	97363.2	132703.4	162115.9	219057.6	237644.0	313899.3
联邦预算支出	基础研究支出	8219.3	32025.1	42773.4	54769.4	69735.8	83198.1	82172.0	91684.5
	应用研究支出	9177.1	44884.2	54589.8	77934.0	92380.1	135859.5	155472.0	222214.8
应用研究支出	联邦总支出占比（%）	1.69	2.19	2.27	2.22	2.14	2.27	2.35	2.87
	国内 GDP 占比（%）	0.24	0.36	0.36	0.40	0.39	0.56	0.53	0.57

资料来源：俄联邦统计局 2012 年统计年鉴，www.gks.ru。

俄罗斯科研经费总量也在逐年递增，由 2000 年的 766.971 亿卢布，上升到 2011 年的 6104.267 亿卢布。详情请见表 2 - 11。

表 2 - 11   研究和研发经费来源情况   （单位：百万卢布）

经费来源 \ 年份	2000	2005	2006	2007	2008	2009	2010	2011
政府拨款	41190.9	140463.8	173482.4	228449.2	272098.8	315928.7	360334.2	400235.7
科学机构自有资金	6947.2	20743.8	25599.2	30555.8	35855.1	35312.3	47407.6	73293.5
国家预算外由基金会提供的经费	4969.7	4048.3	4752.2	6649.6	6343.7	7952.7	10140.0	8808.5
企业提供的经费	14326.2	47759.8	56939.9	77491.6	89959.7	94529.9	85863.3	99408.1
高等职业学校的经费	58.1	181.2	592.1	890.0	518.1	327.2	508.2	1568.8

续表

年份 经费来源	2000	2005	2006	2007	2008	2009	2010	2011
民营非营利性机构提供的经费	32.6	60.4	239.0	248.3	674.9	377.3	556.5	966.5
外国提供的经费	9172.4	17528.0	27200.5	26795.8	25622.8	31406.1	18567.5	26145.5
总费用	76697.1	230785.2	288805.2	371080.3	431073.2	485834.3	523377.2	610426.7

资料来源：俄联邦统计局 2012 年统计年鉴，www.gks.ru。

由于科研经费逐年增加，俄罗斯科研人员的待遇提高得也比较快。普京总统 2012 年 10 月曾指出，"最近五年，国家研究和研发部门的人员工资增长了近三倍"。[①]

4. 科研创新情况

科研创新能力是科研人员和科研平台的综合能力，专利成果数量是衡量科研创新能力的重要标志。向政府提交专利申请的数量稳步增长，从 2000 年的 28688 件，上升到 2011 年的 41414 件。然而，俄罗斯人的专利申请数量增加不明显，从 2000 年的 23377 件仅增加到 2011 年的 26495 件，所占专利申请总数的份额从 81% 下降到

---

① "Путин считает, что господдержка науки должна стать более адресной", 29 октября 2012 года, http://ria.ru/science/20121029/907670 113.html.

64%。详情请见表2-12。

表2-12　　　　　　　俄罗斯申请和批准专利情况

类别＼年份	2000	2005	2006	2007	2008	2009	2010	2011
专利申请总数（件）	28688	32254	37691	39439	41849	38564	42500	41414
其中俄罗斯申请人数量（人）	23377	23644	27884	27505	27712	25598	28722	26495
批准专利总数（件）	17592	23390	23299	23028	28808	34824	30322	29999
其中俄罗斯申请人数量（人）	14444	19447	19138	18431	22260	26294	21627	20339
有效专利总数（件）	—	164099	171536	180721	206610	240835	259698	236729

资料来源：俄罗斯专利局官网。

2011年俄罗斯应用先进生产工艺的总数量为191650个，其中使用期在6年或6年以上的占比为43%，达到83154个。俄罗斯虽以使用本国先进工艺为主，但境外先进工艺的占比相当大，达到34%。详情见表2-13。

表2-13　　　按照类别和使用期总结2011年所使用先进生产工艺　　（单位：个）

类别	工艺总数	其中						拥有全部专利的数量	工艺中应用发明的数量
		使用期				来自			
		不到1年	1—3年	4—5年	6年及以上	本国	境外		
设计和工程技术	41422	5421	10696	8950	16355	26395	5302	6916	1574
生产、加工和组装	53563	6378	11018	9068	27099	26388	14526	7065	2523

| 类别 | 工艺总数 | 其中 | | | | | | 拥有全部专利的数量 | 工艺中应用发明的数量 |
| | | 使用期 | | | | 来自 | | | |
		不到1年	1—3年	4—5年	6年及以上	本国	境外		
自动化装卸业务：材料和配件运输	1649	145	459	255	790	878	508	234	76
自动化监控设备	9395	1070	3011	1848	3466	5983	2009	1210	661
通信和指挥	77662	7827	19453	18330	32052	52933	16762	9069	1418
生产信息系统	4853	474	1508	977	1894	3128	800	810	193
集约化管控	3106	291	797	520	1498	1992	637	585	121
先进生产工艺总数	191650	21606	46942	39948	83154	117697	40544	25889	6566

资料来源：俄联邦统计局 2012 年统计年鉴，www.gks.ru。

二　俄罗斯科研人才发展政策概述

俄罗斯科研人才发展政策内容涵盖人才发展规划、发展重点、主要方法、激励机制、安全防范措施等方面，总体上反映了俄罗斯转轨型社会的特点和需求。

（一）促进俄罗斯科研人才发展的主体

俄罗斯政府是推动科研人才发展的主体。普京总统指出，"尽管我们有无数人心甘情愿把自己奉献给科学，奉献给自己喜爱的事业，目前也仍在从事科学研究，但脱离国家科技体制来解决人才问题是不可能的"。[①] 俄罗斯政府将科研人才发展提升到国家战略的高度。普京强调："现代化是俄罗斯经济发展的总路线。世界的创新活力正在加大，创新速度正在加快，所有高速发展的国家都在重点发展拥有先进技术工艺的领域。世界危机的克服通常伴随着技术工艺的革新和主导性国家的转换。谁能够赶上新技术工艺浪潮，谁就占据先机。"[②] 科研人才是新技术工艺赖以发展的最重要基础。《俄联邦社会经济发展中期纲要（2006—2008）》强调，"为保障创新经济的增长，必须提高科研人员的地位，使创新型人力资源成为创新经济增长的重要源泉"。

（二）俄罗斯科研人才发展政策的转轨

俄罗斯科研人才发展政策经历了一个从苏联模式向俄罗斯模式转轨的过程。20 世纪 90 年代，俄罗斯密集出

[①] 《俄罗斯国家科技政策中的人才问题》——普京总统 2004 年 2 月 17 日在俄罗斯联邦科学和高新技术委员会会议上的发言，载于《俄罗斯东欧中亚研究》2004 年第 4 期。

[②] "Российская газета < Кира Латухина > На технологической волне/ Владимир Путин вступился за права изобретателей", 2012.11.25, http://xn—80abucjiibhv9a. xn—p1ai/.

台了《关于确保俄联邦科学潜力的紧急措施》《俄联邦国家科学中心法律地位授予条例》《俄联邦科学法（草案）》《俄罗斯科学发展解说》《科学与国家科学技术政策联邦法》《俄联邦 2010 年及未来科学技术发展政策基础》等上百个法律文件，形成了俄罗斯科研人才发展的法律环境。在此基础上，俄罗斯政府于 21 世纪初出台了《关于给俄罗斯学者物质援助的措施》、《俄罗斯科研人才联邦纲要》（2003 年）、《国家保护科技综合体人才潜力的措施构想》（2003 年）、《2010 年前发展俄联邦创新体系的基本政策方向》（2005 年）、《2015 年前俄联邦科学与创新发展战略》（2006 年）、《2009—2013 年"创新俄罗斯科研与教育科研人才"联邦目标纲要》（2008 年）、《2020 年前俄联邦创新发展战略》（2011 年）、《俄联邦基础科学研究长期纲要（2013—2020 年）》（2012 年）等对科研人才发展更有针对性的法律、法规，使俄罗斯科研人才发展工作步入正轨。

（三）促进俄罗斯科研人才发展的主要方法

俄罗斯政府致力于增加科研人才培养体系的内部活力，主要方法是同时给人才培养体系一定的压力和自由，政府不再包揽人才培养体系的全部经费，而是促其自身造血功能。普京总统指出，"我们应该告别过去那种认为科学可以脱离经济而存在，脱离相关规律而发展，或者仅仅依靠预算资金才能发展的可怕幻想"。① "必须推动科研经费筹集向多渠道原则转变，不仅争取国家预算拨款，而且要开拓预算外财源，吸收商业和民企的资金。"② 为增加人才培养体系多元化筹资能力，俄罗斯政府出台了一系列法律和政策。《俄罗斯联邦教育法》赋予社会开办非国立教育机构的权利。俄罗斯国立或私营教育机构有权吸收社会资金或与社会机构联合办学。公立教育和培训机构也可以通过商业性活动筹资。例如，俄罗斯油气上市公司"在公司合作伙伴关系框架下，在培训高素质人才方面，与俄罗斯很多一流高校签订有长期合作协议。俄罗斯石油公司清醒地认识到完善职业教育体系重要性，在国家教育项目框架下，积极提供资金，

---

① 《俄罗斯国家科技政策中的人才问题》——普京总统 2004 年 2 月 17 日在俄罗斯联邦科学和高新技术委员会会议上的发言，载于《俄罗斯东欧中亚研究》2004 年第 4 期。

② "Путин считает, что господдержка науки должна стать более адресной", 29 октября 2012 года, http://ria.ru/science/20121029/907670113.html.

以扩大和完善石油天然气大学及其师资培训院系的教学基地"。①

（四）促进俄罗斯科研人才发展的主要措施

俄罗斯工业、科学和技术部 2003 年颁布的《国家保护科技综合人才潜力的措施构想》，是促进科研人才发展方面的非常重要的文件，其对科研人才的发展工作做出了较为细致的规定，其中包括："2004—2009 年建成统一的科技人才资源管理系统，保护科技人才，尽量满足青年学者的要求，减少人才外流或从科研领域跳槽到其他领域，改善研究环境，促进企业对科研领域事业的投资；支持科研事业的基础设施建设；奖励国有科研部门与私立科研部门之间的合作；开展大学和研究机构的博士后教育；落实社会保障措施；有针对性地促使境外移民回国（特别是独联体国家讲俄语的专业人才）。"②"从 2005 年开始，政府每年大幅度增加对科学、高新技术和职业教育领域人才队伍的财政投入，并为这些人员提供

① ［俄罗斯］阿列克佩罗夫：《俄罗斯石油——过去、现在与未来》，人民出版社 2012 年版，第 395 页。
② 李芳华、赛音托娅：《俄罗斯科研人才发展状况》，载于《俄罗斯中亚东欧市场》2009 年第 9 期。

10—15 年期的住房优惠贷款；拥有知识产权的单位有权转让使用国家预算资金获得的科研成果；增加对优秀大学生、研究生和博士生助学金名额并提高助学金数额；在税收和海关政策方面采取措施鼓励科技与教育服务的出口。"①

为激励科研人才发展，俄罗斯设立了多项科研资助和奖励基金。2005 年 2 月，俄罗斯以颁布总统令的方式建立起国家资助制度，规定每年通过竞赛方式选出 500 名青年科学副博士和 100 名青年科学博士，对其实施俄联邦总统资助项目。② 2006 年 4 月，俄联邦总统下令支持青年天才，计划每年在全俄罗斯范围内选定 5350 个青年天才。其中，1250 个全俄奥林匹克竞赛青年获胜者以及国际奥林匹克竞赛青年获胜者或获奖者，每人可获得 6 万卢布的奖金；4100 个地区或跨地区奥林匹克竞赛青年获胜者以及全俄奥林匹克竞赛获奖者，每人可获得 3

———

① 中国科协调研宣传部：《俄罗斯科技人力资源的现状和发展趋势》（2009 年 2 月），载于中国科学技术协会网站 http://www.cast.org.cn/n35081/n35668/n35728/n36419/11105325.html。

② Распоряжение Правительства РФ от 07.04.2008 n 440 - p < Об утверждении Концепции федеральной целевой программы "Научные и научно - педагогические кадры инновационной России" на 2009 - 2013 годы >.

万卢布的奖金。① 除物质奖励外，俄罗斯政府开始重视精神奖励的作用，甚至恢复了苏联的某些做法。比如，2012 年 12 月，普京在俄罗斯经济现代化与创新发展总统委员会第一次会议上宣布，恢复"俄罗斯功勋发明家"荣誉称号。

俄罗斯开展了"科学高校"建设计划，分三步走：第一步，出台有关高校创新发展的国家纲要；第二步是2008 年完成的，制定了建设国立一流科研高校体系的标准；第三步是高校发展计划竞标，政府打算拿出 50 个计划进行招标。任何高校，只要能够证明其计划的价值，就能够连续三年每年得到 1 亿卢布拨款，还有可能得到商业订单和投资。政府投资同时在多个大学建立了共用设备中心，装备了性能优良的先进设备。政府的财政投入同时带动了其他资金进入科研领域。

俄罗斯政府将科研人才队伍的发展重点放在培养青年科研人才上，于 2008 年 4 月公布了《2009—2013 年"创新型俄罗斯的科学和科教人才"联邦目标纲要构想》

---

① Распоряжение Правительства РФ от 07.04.2008 n 440 – p ＜ Об утверждении Концепции федеральной целевой программы "Научные и научно-педагогические кадры инновационной России" на 2009 – 2013 годы ＞.

（以下简称《构想》），详细制定了科研人才发展的目标体系，并配套相应经费。《构想》将30—39岁的青年科研人才作为发展重点，提出2013年将该年龄段研究人员的占比提高到13.8%—14.5%，将39岁以下（含39岁）教师的占比提高到40%—41%，将39岁以下（含39岁）拥有博士和副博士学位的研究人员的占比提高到13.5%—14.5%。到2013年，《构想》将以组织活动等方式涵盖到6万—6.5万名青年科研人才，详细情况请见表2-14。

表2-14　　《2009—2013年"创新俄罗斯的科研与科教人才"

联邦目标纲要构想》的设定指标

序号	项目	2009	2010	2011	2012	2013
1	30—39岁（含39岁）研究人员占研究人员总数的比例	12.2%—12.4%	12.5%—12.9%	13%—13.4%	13.2%—13.8%	13.8%—14.5%
2	30—39岁（含39岁）研究人员占高等教育部分研究人员总数的比例	17%—18%	18%—19%	19%—20%	20%—21%	21%—22%
3	国家或地方公立高校中39岁及39岁以下教授、教师占教授、教师总数的比例	35%—36%	36%—37%	38%—39%	39%—40%	40%—41%
4	39岁及39岁以下高等科学技能（科学博士和科学副博士）研究人员占研究人员总数的比例	11.5%—12%	12%—12.5%	12.5%—13%	13%—13.5%	13.5%—14.5%

续表

序号	项目	2009	2010	2011	2012	2013
5	国家或地方公立高校中高等科学技能（科学博士和科学副博士）教授、教师占教授、教师总数的比例	58%—59%	59%—60%	61%—62%	62%—63%	63%—64%
6	参加纲要的硕士和博士研究生中向答辩委员会提交论文的人数占比（累计占比）	—	30%	45%	60%	80%
7	参与学科奥林匹克活动、科学竞赛和本纲要框架下的其他科技活动的本科生、硕士生、博士生和青年研究人员的数量（累积人数）	1.5万—1.7万人	3万—3.4万人	4.5万—5.1万人	5.3万—5.8万人	6万—6.5万人
8	科学、教育和高等工艺领域参加本纲要的机构的本科生、硕士生、博士生和青年研究人员（其进入研究生院或高等职业教育机构、科学机构、军工综合体企业、能源企业、航空航天企业、核能企业以及其他俄联邦优先工业领域的企业工作）（累计人数）	—	2000—3000人	4000—5000人	6000—9000人	9000—12000人
9	参加本纲要的自然科学和科技研究人员中能够将本纲要框架下活动中所取得的成果在俄罗斯国内外权威杂志上发表的人数占比（累积占比）	—	10%—12%	25%—30%	35%—40%	40%—45%

　　资料来源：《2009—2013年"创新型俄罗斯的科学和科教人才"联邦目标纲要构想》。

　　"《2009—2013年"创新型俄罗斯的科学和科教人才"联邦目标纲要构想》是《2020年前俄联邦创新发展

战略》在实施第一阶段提高科研人员潜力的主要政策工具。"①《2020 年前俄联邦创新发展战略》列述了俄罗斯科研人才的发展措施，包括："创造鼓励有研究兴趣的青年才俊从事科学工作的良好条件；稳定青年科研人才队伍，包括在不实施限制青年人才流动的行政措施的情况下，为降低青年科研人才赴国外定居的意愿创造条件；支持承载着不同年龄段研究人员的已建和新建的科学学校；进一步加强科学院与高校的科研一体化合作，在基础研究和应用研究领域建立统一系统，大力促进科教机构内部的人员交流，使教学和研究活动广泛地结合；完善和推广符合国际实践经验的研究生教育新模式；吸引俄罗斯国内外知名专家到俄罗斯科研高校从事研究生教学和研究生教学管理工作。"②

为推动人才培养体系与发达国家接轨，俄罗斯于 2003 年签署了《博洛尼亚宣言》。"博洛尼亚进程是欧洲

---

① Об утверждении Стратегии инновационного развития Российской Федерации на период до 2020 года, ПРАВИТЕЛЬСТВО РОССИЙСКОЙ ФЕДЕРАЦИИ РАСПОРЯЖЕНИЕ от 8 декабря 2011 г. №2227 – р.

② Об утверждении Стратегии инновационного развития Российской Федерации на период до 2020 года, ПРАВИТЕЛЬСТВО РОССИЙСКОЙ ФЕДЕРАЦИИ РАСПОРЯЖЕНИЕ от 8 декабря 2011 г. №2227 – р.

高等教育改革计划，它通过实现统一的欧洲高等教育资
格认证，整合欧洲各国的教育资源，增加欧洲就业率，
提高欧洲高等教育的竞争力和吸引力为目标。"① 加入博
洛尼亚进程"对俄罗斯的教育改革在目标、内容和主要
方向方面产生了非常重要的影响。面向全欧的教育目的
在俄罗斯教育发展中占有优先地位"。②

　　俄罗斯在加强国际人才交流的同时，对国外反俄势
力借助非政府组织影响、拉拢和利用科研人才，特别是
人文和社会科学领域科研人才的倾向保持了警惕。俄联
邦《非政府组织法》于 2005 年 12 月获得国家杜马通过，
于 2006 年 1 月得到普京总统的签署。《非政府组织法》
旨在严格管控非政府组织接受国外资助的行为，要求在
俄注册的外国非政府组织和接受了外国资助的俄罗斯非
政府组织向政府报备资金来源和说明资金用途。这些非
政府组织的活动如果违反俄联邦宪法或危害俄国家利益，
俄方将对其予以注销。

---

① 郭林、丁建定：《俄罗斯科技人才培养与激励政策的改革与启示》，
载于《科技进步与对策》2012 年第 1 期。
② ［俄罗斯］谢·阿·伊万诺夫：《俄罗斯高级人才培养体系的现代
化》，载于《大学·研究与评价》2008 年第 6 期。

三 俄罗斯科研人才发展政策评析

俄罗斯科研人才政策经过 20 余年的发展与完善，已初步形成较为完整的体系。由于深受其国内经济和社会大环境的影响，俄罗斯科研人才发展政策尚存缺陷和局限，还处于不断完善的过程之中。

（一）俄罗斯科研人才发展政策缓解了人才大规模流失问题，保障了人才队伍的基本稳定

俄罗斯科研人才发展政策所取得的最大成绩是保证了科研人才队伍的基本稳定。20 世纪 90 年代至 21 世纪初，俄罗斯处于人才危机状态。由于"上世纪九十年代科学领域的拨款长期不足，科学和科教人员的培养系统遭到破坏"[①]，"1990—2002 年，从事科学研究和研发工作的人员总数减少了一半。'人才崩溃'最严重的是

[①] Распоряжение Правительства РФ от 07.04.2008 n 440 – p ＜ Об утверждении Концепции федеральной целевой программы "Научные и научно – педагогические кадры инновационной России" на 2009 – 2013 годы ＞.

1990—1994 年"。① 1990—1998 年，俄罗斯科技人才流失
了 100 多万科技人才，占科技人员总数的 54%。俄罗斯
科研人才流失可分为向国外流动和向非科研岗位流动两
种情况。"根据俄罗斯科学与统计研究中心的资料，1989
年至 2000 年间到国外定居的科技人员和相关辅助人员有
2 万多人，另有近 3 万人在国外工作，其中一些人已不想
回国。2002 年，定居国外的人数达到了 9.98 万，主要迁
居国家是德国、美国、英国、法国、日本、以色列、韩
国等。移居国外的科学家 60% 是 40 岁以下的有才华的年
青人，12% 具有博士学位，其中美国的数学家有一半来
自俄罗斯。"② 普京总统在总结俄罗斯人才外流问题时指
出，"移民国外的科研人才在总量上比重不是很大，仅为
2%，但流失最严重的要么是那些精通专业技术的人员，
要么是那些大有发展前途的年轻科技人员"。③ 科研工作

---

① 《俄罗斯国家科技政策中的人才问题》——普京总统 2004 年 2 月
17 日在俄罗斯联邦科学和高新技术委员会会议上的发言，载于《俄罗斯东
欧中亚研究》2004 年第 4 期。

② 中国科协调研宣传部：《俄罗斯科技人力资源的现状和发展趋势》
(2009 年 2 月），载于中国科学技术协会网站 http://www.cast.org.cn/
n35081/n35668/n35728/n36419/11105325.html。

③ 《俄罗斯国家科技政策中的人才问题》——普京总统 2004 年 2 月
17 日在俄罗斯联邦科学和高新技术委员会会议上的发言。

在俄罗斯国内的吸引力明显下降，大量原本应该进入科研队伍的青年科研人才流失到其他非科研性工作岗位。21 世纪初，一半以上的高校理工科毕业生转行，只有不到两成的毕业生实现本专业就业。

基于以上情况，应对科研人才流失始终是俄罗斯科研人才发展政策的核心任务。2004 年以后，俄罗斯政府对科研工作和科研人才的投入加大，出台了《2009—2013 年"创新型俄罗斯科学和科教人才"联邦目标纲要构想》等具有很强操作性的法律文件，有效缓解了科研人才流失问题，推动了科研人才数量，特别是高端人才数量稳步增长。即使在受世界金融危机严重影响的 2008 年和 2009 年，俄罗斯科研人才队伍的稳定性也没有出现大的问题。俄罗斯尤里—列瓦达分析中心与科学研究与统计中心 2010 年曾进行社会调查，了解 2008 年 10 月至 2009 年经济危机对俄罗斯人才状况的影响。调查对象为科学院系统研究机构、莫斯科市属各科研机构以及国企科研机构的领导人，调查涉及自然科学、医学、技术科学等学科领域。调查结果显示，57% 的领导人对其科研机构的人力资源状况表示满意。其中一半的领导人认为人力资源状况比较好，但由于科研经费不足、薪金水平低，存在着吸引年轻专家困难的问题。国家科研机构中存在 2—3 代的人才断层。只有 7% 的领导人认为本单位人力资源状况不佳，其机构已经处于崩溃边缘。[①] 在一些领域，俄罗斯科技人才培养能力提升很快。航空航天、军事、数学、物理、化学、信息等领域人才济济。俄罗斯有 77.4% 的软件公司拥有有博士学位的员工，45.8% 的公司中拥有有博士学位的员工超过员工总数的 10%。近几年来，各类高校得到不断发展，高校在校生数量持续攀升。未来一段时期内，科技人力资源总量将持续增长。[②]

（二）俄罗斯科研人才发展政策存有不少缺陷，仍在不断完善之中

俄罗斯科研人才发展政策虽然保持了人才队伍数量的基本稳定，但是没有遏制住队伍整体素质下降的趋势。普京总统指出，"俄罗斯发明创造的积极性依然很低，俄罗斯学者在国际学术刊物上发表论文的数量以及国外引

---

① 《金融危机下俄罗斯科研人才状况调查》，科技部门户网站 www. most. gov. cn，2010 年 4 月 22 日。

② 中国科协调研宣传部：《俄罗斯科技人力资源的现状和发展趋势》（2009 年 2 月），载于中国科学技术协会网站 http://www. cast. org. cn/ n35081/n35668/n35728/n36419/11105325. html。

用俄罗斯学术成果的数量仍在减少"。①为此，2012 年 12
月初俄罗斯教育科学部部长利瓦诺夫宣布名为"千所实
验室"的全新科技计划之后，该部副部长费久金透露，
2013 年实施另一个科技新项目——"俄罗斯科学分布
图"，即"在俄罗斯全境建立一个俄罗斯科学家个人或
团队科研成果数据库，主要数据指标包括：科学家被
web of science 或 Scopus 索引数据库收录的科学论文数量
及被引用率、获得授权的专利数量等。据悉，俄罗斯教
育科学部将与国际知名咨询服务公司普华永道（PwC）
合作建设该数据库，并在听取专门委员会意见的基础上，
根据不同学科，分类确定主要数据指标。在数据库建设
进行到适当阶段时，相关科学家将被授权进入系统，对
其本人的数据资料进行修改和完善"。②

　　俄罗斯人才培养政策暂时难以缔造出世界级名校，人
才培养质量下滑较快。在 2007 年上海交通大学进行的大
学排名中，进入前 500 名的俄罗斯大学仅有莫斯科大学

　"Российская газета ＜ Кира Латухина ＞ На технологической волне/
Владимир Путин вступился за права изобретателей"，2012. 11. 25，http：//
xn—80abucjiibhv9a. xn—p1ai/.

　②《俄罗斯科技管理的新举措》，http：//www. most. gov. cn/gnwkjdt/
201301/t20130124_ 99309. htm。

（第 77 位）和圣彼得堡大学（第 341 位）。2007 年《泰
晤士教育增刊》排名中，没有俄罗斯大学进入前 200 强。
俄罗斯副博士和博士研究生论文答辩通过率很低，2006
年前通过率总体在 1/3 的水平。[①] 俄罗斯教育科学部部长
利瓦诺夫 2012 年 11 月在国家杜马尖锐地指出，"上世纪
90 年代俄罗斯高校的数量成倍增加，从 510 所上升到
1100 所。与此同时，国家高等教育的质量却急剧下降，
目前的高等教育已经无法满足学生的期望和未来经济发
展的需求。究其原因，既有主观的，也有客观的。近年
来，花钱买文凭，抄袭和剽窃成为家常便饭。这种现象
在国立和非国立高校普遍存在。我们需要在这方面恢复
秩序"。[②] 利瓦诺夫对俄新社记者说："我们正在启动一项
旨在提高俄罗斯高等教育竞争力的大型计划。该计划的
目标不是缩减高校数量，更不是减少学生数量，而是要
从根本上提高俄罗斯高等教育机构的工作质量。"[③]

---

① "Путин считает, что господдержка науки должна стать более адресной", 29 октября 2012 года.

② Материалы к выступлению Министра Д. Ливанова на Правительственном часе в Государственной Думе 14 ноября 2012 года.

③ 李海：《俄罗斯教育科学部部长：高等教育改革旨在提高高校工作质量》，http://www.cnki.com.cn/Article/CJFDTotal - JYXI201217029.htm。

俄罗斯科研人才发展政策主要立足于国内培养人才，在吸引海外人才方面建树不多，重点吸收境外俄罗斯人，在广纳贤才方面有所欠缺。原俄罗斯教育科学部部长安德烈·富尔先科提到，"流入俄罗斯的科研人才中，有一半是曾流失到国外的俄罗斯人，另一半是其他国家的人才，他们来到俄罗斯政府资助的一流大学访学或者创建实验室"。[1] 在世界各国激烈争夺国际高端人才的今天，俄罗斯海外人才吸收政策难以保障其顺利获取国家所急需的高端人才。

俄罗斯科研人才评价体系对科研人才的实际价值体现不够。普京总统 2004 年 2 月 27 日在俄联邦科学与高新技术委员会会议上强调，"评论一个科学家的价值不仅要看他的职称、学历和行政职务，而且还要看他在研究过程中所做的实际贡献，这种做法应当成为一种衡量体系。目前，科技工作者远不能完全看到，他们已获得的研究成果和给予他们的物质奖励与事业发展之间的直接联系。这里如果不清晰地理顺智力与能力之间的差异问题，就不可能摆正上述关系。除此之外，青年专家要想

---

[1] "Владимир Путин и Андрей Фурсенко обсудили вопросы развития вузовской науки", 2011. 11. 19. http://xn—80abucjiibhv9a. xn—p1ai/.

在科技领域独立占据一席之地，还需要走一段极其曲折的道路。这里许多东西不是取决于科研成果，而是在科学体制中的地位。应该说，这是一个重要的、值得科学界分析和公开讨论的话题"。虽然普京上述讲话距今已有几年，但其所提到的人才评价体系的完善问题仍没有出现实质性改观。

俄罗斯科研人才发展政策缺乏连续性。例如，为培养"国家技术工艺基地"所需人才，《2002—2006 年"国家技术工艺基地"建设联邦目标纲要》出台了相关措施。但在 2007—2011 年"国家技术工艺基地"建设联邦目标纲要中却没有规定相关人才培养措施。① 科研人才发展政策缺乏连续性的后果是后续人才培养无法跟进，造成前期工作的成果遭到削弱。

由于财政困难、行政效率较低、法律意识较差、相关法律存在矛盾等原因，人才发展政策的落实情况亦不理想。例如，1996 年《科学与国家科学技术政策联邦法》规定对科学的投入不低于联邦预算的 4%，但在很

---

① Распоряжение Правительства РФ от 07. 04. 2008 n 440 – p ＜ Об утверждении Концепции федеральной целевой программы "Научные и научно-педагогические кадры инновационной России" на 2009 – 2013 годы ＞.

多年份，国家对科技的投入未达到这一比例，2002 年和 2005 年科技投入占预算比例仅为 2.04% 和 2.35%。而预算投入不足，是俄罗斯科研人才流失的主因。

（三）俄罗斯科研人才发展政策受制于国内经济社会大环境，短期内难以根本逆转科研人才队伍中存在的行业分布失衡、地域分布失衡和年龄结构失衡的局面

1. 科研人才的行业分布失衡

俄罗斯科研人才发展政策一方面留住了很多高端人才，另一方面也造成人才队伍的行业分布失衡。大量人才向高薪行业、政府重点扶持行业和资源垄断行业流动。俄罗斯科研人才发展政策兼用市场和计划两种手段。市场手段是 20 世纪 90 年代经济市场化的自然延伸。政府鼓励科研单位和科研人才适应市场经济的需求，从事发明创造，与实体经济结合。在这种情况下，高薪行业和市场前景好的行业吸引了大量人才，而其他行业的人才吸引力明显下降。2012 年 2 月，俄罗斯舆论研究中心的一项调查显示，"俄罗斯民众最感兴趣的科学领域依次是医学（25%）、技术（19%）和航天（16%）。有意愿了解其他科学门类的受访者所占

比例均不超过 7%"。① 俄罗斯国民经济结构中，能源等资源垄断型行业比重很大，就业机会多，工作条件较好，也能够吸收大量科研人才。俄罗斯科研人才发展政策所使用的计划手段主要为帮扶市场适应能力较弱的行业。政府重点鼓励科研人才进入能够短期内产生较大经济效益的或者对国家安全具有重要意义的领域和行业，对基础科学、人文和社会科学等领域科研工作的支持力度相对较弱。《俄联邦基础科学研究长期纲要（2013—2020年)》指出，"今天，科学的主要任务是为国家的社会经济发展提供科学保障，同时要格外重视国家安全"。② "教育科学部 2012 年立项的 3018 个项目涵盖所有学科，但技术领域和自然科学领域平分了 80% 的项目，人文领域和高端经济领域只获取了 10% 的项目。"③ 俄罗斯高度重视对国家安全最具重大意义的国防工业。普京总统指

---

① 《俄罗斯人科学兴趣低》，载于《参考消息》2013 年 3 月 1 日第 7版，原载于《俄罗斯连塔网》2012 年 2 月 27 日。

② Программа Фундаментальных Научных ИсследованийВРоссийской Федерации Надолгосрочныйпериод（2013 – 2020 годы），утверждена-распоряжениемправительствароссийскойфедерацииот 27 декабря 2012 г. N 2538 – p.

③ "Минобрнауки РфГотовит Новую Программу Поддержки Научных КадровИНаучных Исследований"，http://Xn—80abucjiibhv 9a. Xn—P1ai/.

出，"我们国家的权力部门应该首先注意那些如果得不到政府支持就无法工作的领域。它们当中，最主要的就是和国防有关的科技研究领域。这是国家首先应该扶持的部门"①。在国家财政的大力支持下，俄罗斯国防工业中的科研人才队伍得到了一定程度的恢复和发展。俄罗斯科研人才发展政策中这种有重点地帮扶，是政府在国家财力不足情况下的权宜之计。俄罗斯经济难以支撑苏联规模的科研体系，加之数学、物理学、生物学、病毒学、遗传学、生化学等传统优势学科领域的人才特别是高端人才和中青年人才严重流失，科研人才出现断层，科研传统难以传承，俄罗斯科研工作要想重拾昔日辉煌，需要大量的投入，付出几代人的努力。但是，如果俄罗斯人才发展政策过于强调实用性和商业性，就很容易误入急功近利的歧途，虽然短期内能够使科研工作更好地服务于经济，但对于经济的长远发展则弊多利少，甚至导致很多长周期战略性科研项目和基础性科研领域被忽视，相关科研人才大量流失，科研队伍可持续发展所必须具备的规模效应将难以形成，国家科研体系将因此产生畸

---

① 《俄罗斯国家科技政策中的人才问题》——普京总统 2004 年 2 月 17 日在俄罗斯联邦科学和高新技术委员会会议上的发言。

形，难以发挥整体优势和系统优势，难以助推俄罗斯经济实现跨越式发展。

2. 科研人才的地域分布失衡

俄罗斯科研人才队伍的地域分布失衡受到了国民经济地域分布失衡的影响。全俄罗斯经济主要集中在莫斯科和圣彼得堡等为数不多的几个大城市周围。在政府鼓励科研人才适应市场经济环境的情况下，科研人才自然会向科研条件好的大城市集中，落后地区的发展因此更为乏力。政府也出台了不少鼓励人才向地方流动的政策措施，例如成立鼓励人才向地方流动的专项资金，为地方教师提供住房补贴和优惠政策等。然而，如果国内经济环境没有大的改变，那么人才地域分布失衡的局面必将长期存在，并对俄罗斯经济社会发展产生深远影响。

3. 科研人才的年龄失衡

青年科研人才是科研人才队伍中最具有创造力的群体。"世界科学发展的经验证明，科学家大量出成果的年龄大多数是在 27—40 岁之间。"[1] 同时，青年科研人才

---

① 中国科协调研宣传部：《俄罗斯科技人力资源的现状和发展趋势》（2009 年 2 月），载于中国科学技术协会网站 http://www.cast.org.cn/n35081/n35668/n35728/n36419/11105325.html。

也是流动性最强的群体。由于俄罗斯经济长期不景气以及科研经费长期不足，他们中的很多人流失到境外，也有不少人放弃科研工作，致使科研人才队伍出现严重的年龄结构失衡。《2009—2013 年"创新型俄罗斯的科学和科教人才"联邦目标纲要构想》出台前夕，"俄罗斯科研人员的平均年龄为 49 岁，其中科学副博士的平均年龄为 53 岁，科学博士为 61 岁。俄罗斯教育部所属院校和科研机构高级科研人员的年龄分布表明，仅有 2.5%的博士年龄在 40 岁以下，20.5%的博士年龄在 50 岁以下，79.5%的博士年龄在 50 岁以上，45.6%的博士年龄在 60 岁以上，21%的副博士年龄在 40 岁以下，50.1%的副博士年龄在 50 岁以下，49.9%的副博士年龄在 50 岁以上"。[①] 俄罗斯联邦教育与科学部 2004 年的统计显示，1994 年俄罗斯 60 岁以上的学者占研究人员总数 9%，1998 年为 18%，2000 年为 20.7%，2002 年为 21.8%。[②] 即使《2009—2013 年"创新型俄罗斯的科学

---

① 中国科协调研宣传部：《俄罗斯科技人力资源的现状和发展趋势》(2009 年 2 月)，载于中国科学技术协会网站 http://www.cast.org.cn/n35081/n35668/n35728/n36419/11105325.html。

② ［俄罗斯］И. 杰日娜：《俄罗斯科研人才结构变化与国家政策》，载于《国外社会科学》2007 年第 3 期。

和科教人才"联邦目标纲要构想》顺利实现预定目标，2013 年俄罗斯 30—39 岁（含 39 岁）研究人员占研究人员总数的比例也仅为 13.8%—14.5%，39 岁及 39 岁以下高等科学技能（科学博士和科学副博士）研究人员占研究人员总数的比例也仅为 13.5%—14.5%。

为改善科研人才队伍的年龄结构，俄罗斯政府出台了一些政策，比如"新建由杰出青年学者领导的实验室，通过提高高级研究员的退休待遇来推动人才队伍的更新"[1]，等等。《2020 年前俄联邦创新发展战略》指出，"为实现科研队伍的年轻化，难免要裁减已有的低效率的科研人员和科研队伍。为使更多效率高的研究员占据工作岗位，在本战略实施的第一阶段，应当重新审订规章制度和定期评审方法"[2]。然而，科研人才发展前景与其经济和社会发展状况密切相关。俄罗斯近年来出现人才的移民倾向加剧和民众的科学兴趣下降的趋势。2011 年

---

[1]　Об утверждении Стратегии инновационного развития Российской Федерации на период до 2020 года, ПРАВИТЕЛЬСТВО РОССИЙСКОЙ ФЕДЕРАЦИИ РАСПОРЯЖЕНИЕ от 8 декабря 2011 г. №2227 – р.

[2]　Об утверждении Стратегии инновационного развития Российской Федерации на период до 2020 года, ПРАВИТЕЛЬСТВО РОССИЙСКОЙ ФЕДЕРАЦИИ РАСПОРЯЖЕНИЕ от 8 декабря 2011 г. №2227 – р.

末，俄罗斯尤里—列瓦达分析中心（Levada Centre）主持的一项民意调查显示，22% 的俄罗斯成年人希望永远地离开祖国，去更好的国家定居，这一数字比 4 年前的 7% 增长了 3 倍，这也是自苏联垮台以来的最高值。选择离开祖国的这些人并非身陷贫穷和绝望，正相反，他们中大多数人是受过高等教育的企业家和大学生。[①] 2012 年 2 月，俄罗斯舆论研究中心的一项调查显示，对"您对科技成就是否感兴趣"这一问题持肯定答复的人数逐年降低，从 2007 年的 68% 降到了 2012 年的 47%。近 80% 的受访者连一个俄罗斯科学家的名字也写不出来。[②] 这种情况如果得不到逆转，青年科研人才将后继乏人，必然严重影响科研人才队伍年龄结构的优化。

同样受经济和社会环境变化的影响，2013 年下半年俄罗斯正在酝酿一场对国家科学院系统的大规模改革，主要内容是剥离科学院系统的资产性收入，而这些收入正是科学院系统弥补科研经费不足的最重要财源。如果国家科学院改革最终导致科研经费和科研人员收入水平

① 《普京新一轮当政面临俄罗斯人才与资本外流危机》（2011 年 12 月），http://news. sina. com. cn/w/sd/2011 - 12 - 28/162623710461. shtml。

② 《俄罗斯人科学兴趣低》，载于《参考消息》2013 年 3 月 1 日第 7 版，原载于《俄罗斯连塔网》2012 年 2 月 27 日。

下降，那么青年科研人才必将大量外流，近年来得到初步缓解的科研人才老龄化和年龄断层问题将再次加剧。

俄罗斯人才发展政策是俄罗斯独特发展模式的有机组成部分。俄罗斯发展模式建立在不断总结实践的经验和教训基础之上，虽然尚处于走向成熟的过程之中，但是战略方向基本明确，只是战术层面的稳定性不足，政策调整较为密集。受其影响，俄罗斯人才发展政策在短期内不会出现大的摇摆特别是方向性变化，但会不断得到加强和完善。

后　记

　　党的十八大报告提出，要加快确立人才优先发展战略布局，造就规模宏大、素质优良的人才队伍，推动我国由人才大国迈向人才强国；要加快人才发展体制机制改革和政策创新，形成激发人才创造活力、具有国际竞争力的人才制度优势。为贯彻党的十八大精神，中国社会科学院人事教育局组织院属相关单位干部学者围绕提高国际人才竞争力问题开展专题研究，并将有关成果结集出版。《美俄大国人才发展概况及政策评析》即为此项专题研究的成果之一。

　　本书编写工作由中国社会科学院人事教育局局长张冠梓同志主持，来自中国社会科学院美国研究所和俄罗斯东欧中亚研究所等机构的研究人员执笔完成。具体参加写作和修改的主要有（按姓氏笔划排序）：王晓泉、叶京、宋强、张君、胡楠阳、原磊、姬虹、焦永明等同志。中国社会科学院人事教育局副局长高京斋、陈文学同志和时任人事教育局副局长、现任语言研究所党委书记刘晖春同志也对本书给予热切关注和大力支持，中国社会科学出版社为书稿出版提供了有力保障。在此，谨向为本书编写出版提供大力支持的单位和同志，表示衷心的感谢。

　　衷心希望本书能够为我国人才学领域学者，人才政策制定者、理论研究者和实践工作者们在我国人才队伍建设工作过程中提供有益的国际性参考和借鉴，为提高我国国际人才竞争力发挥积极的推动作用。

　　在本书编写过程中，我们查阅了大量的中外文资料，并尽最大努力去力求完美，但由于研究时限、资料条件与学识等方面的原因，书中难免存有纰漏和不足，敬请各位同仁、专家学者及广大读者们批评指正，以使本书能够日臻完善。同时，再次向国内从事人才工作的相关部门以及广大读者致以最诚挚的谢意！

编　者

2016 年 4 月 15 日